일본인과 일본문화

한일 양국은 지형적으로 가까울 뿐 아니라 역사적으로도 밀접한 관계를 맺어왔다. 최근에는 일본 대중문화가 한국에 소개되고, 일본에서 한류 열풍이 불고 있다. 문화적인 면에서도 한일 양국이 깊은 관련을 맺고 있다는 것을 알 수 있다. 양국 간의 문화 교류가 활발하면 할수록 한국인은 일본 문화를 바르게 이해할 필요가 있을 것이다.

일본인과 일본문화

류희승

HUMANMAKER

책을 내면서

한일 양국은 지형적으로 가까울 뿐 아니라 역사적으로도 밀접한 관계를 맺어왔다. 최근에는 일본 대중문화가 한국에 소개되고, 일본에서 한류 열풍이 불고 있다. 문화적인 면에서도 한일 양국이 깊은 관련을 맺고 있다는 것을 알 수 있다. 양국 간의 문화 교류가 활발하면 할수록 한국인은 일본 문화를 바르게 이해할 필요가 있을 것이다.

현재 호기심이 왕성한 한국인들은 주로 인터넷을 통해 일본 문화에 대한 정보를 수집하고 있다. 또 서점에 나가 보면 일본 문화와 관련된 서적들이 많이 눈에 뜨인다. 하지만 일본 문화에 관한 정보를 많이 수집했다고 일본을 잘 안다고 할 수 없을 것이다. 또 서점에 나와 있는 일본 문화 관련 서적이 일본 문화의 내용을 충실하게 설명했다고 할 수도 없다.

필자는 한국인 독자에게 일본 문화를 가능하면 자세하게 설명해 줄 수 있는 서책이 필요하다는 것을 절감하였다. 특히 일본 문화에 관심이 많은 젊은이들이 아주 쉽게 일본 문화에 접근할 수 있는 서책을 제공하고 싶었다. 그것이 이 책을 집필하게 된 동기라고 할 수 있을 것이다.

이 책은 13장으로 구성하였다. 일본인의 일생, 생활, 정신세계, 전통문화 등의 의미를 파악하려고 노력하였다. 일본인의 생활 부분은 필자가 일본에서 생활할 때 체험하고 느낀 부분을 비교적 상세히 기술하였다. 일본인의 정신세계 부분은 무종교이면서 다종교라고 할 수 있는 일본인의 독특한 종교관을 입체적으로 살펴보는데 주안점을 두었다. 일본의 전통문화 부분은 주로 일본 문화를 상징하는 주제를 선정하여 설명하였다. 특히 다도, 꽃꽂이, 정원, 마쓰리, 노, 분라쿠, 가부키, 라쿠고 등을 비교적 상세히 설명하였다. 일본 문화에 대한 이해를 돕기 위하여 일본의 자연환경, 일본어 등에 대해서도 간략히 설명해 두었다.

이 책을 통해 일본을 보다 깊이 이해하고, 문화현상뿐만 아니라 그 속에 담겨 있는 심층적인 의미를 살펴봄으로써 일본과 일본인을 바르게 이해할 수 있다면 더 바랄 것이 없겠다.

2012년 2월
류 희 승

차례

책을 내면서 5

제1장 일본 열도의 자연환경 ·················· 11
1-1 일본 열도 / 12

1-2 풍토 / 15

1-3 행정구역 / 20

제2장 일본어 ················· 31
2-1 가나 / 32

2-2 한자 / 37

2-3 외래어 / 39

2-4 경어 / 43

제3장 연중행사 ················· 45
3-1 봄 / 46

3-2 여름 / 50

3-3 가을 / 60

3-4 겨울 / 63

제4장 일본인의 일생 ······ 75

4-1 출생 / 76

4-2 성장 / 78

4-3 결혼 / 85

4-4 야쿠도시 / 92

4-5 도시이와이 / 94

4-6 장례식 / 96

제5장 의복 문화 ······ 99

5-1 기모노의 유래 / 100

5-2 기모노의 특징 / 102

5-3 기모노의 종류 / 105

5-4 기모노의 부속품 / 113

제6장 음식 문화 ······ 117

6-1 음식의 종류 / 118

6-2 대표적인 음식 / 121

6-3 도시락 문화 / 132

6-4 음주 문화 / 135

제7장 주거 문화 **141**

7-1 주택 사정 / 142

7-2 주택 구조 / 147

7-3 현대 주택과 생활양식 / 150

제8장 목욕 문화 **153**

8-1 일본인과 목욕 / 154

8-2 목욕 문화의 발달 배경 / 158

8-3 온천의 나라 / 160

제9장 종교 **163**

9-1 신도 / 164

9-2 불교 / 170

9-3 기독교 / 177

제10장 축제와 놀이 **183**

10-1 마쓰리 / 184

10-2 하나미 / 200

10-3 하나비 / 202

제11장 전통과 예능 ······ **205**

11-1 노 / 206

11-2 교겐 / 224

11-3 가부키 / 240

11-4 분라쿠 / 258

11-5 라쿠고 / 276

제12장 다도와 꽃꽂이 ······ **297**

12-1 다도 / 298

12-2 꽃꽂이 / 315

제13장 정원 ······ **329**

13-1 일본 정원의 양식과 구성 요소 / 330

13-2 일본 정원의 역사 / 340

참고문헌 / 350

찾아보기 / 353

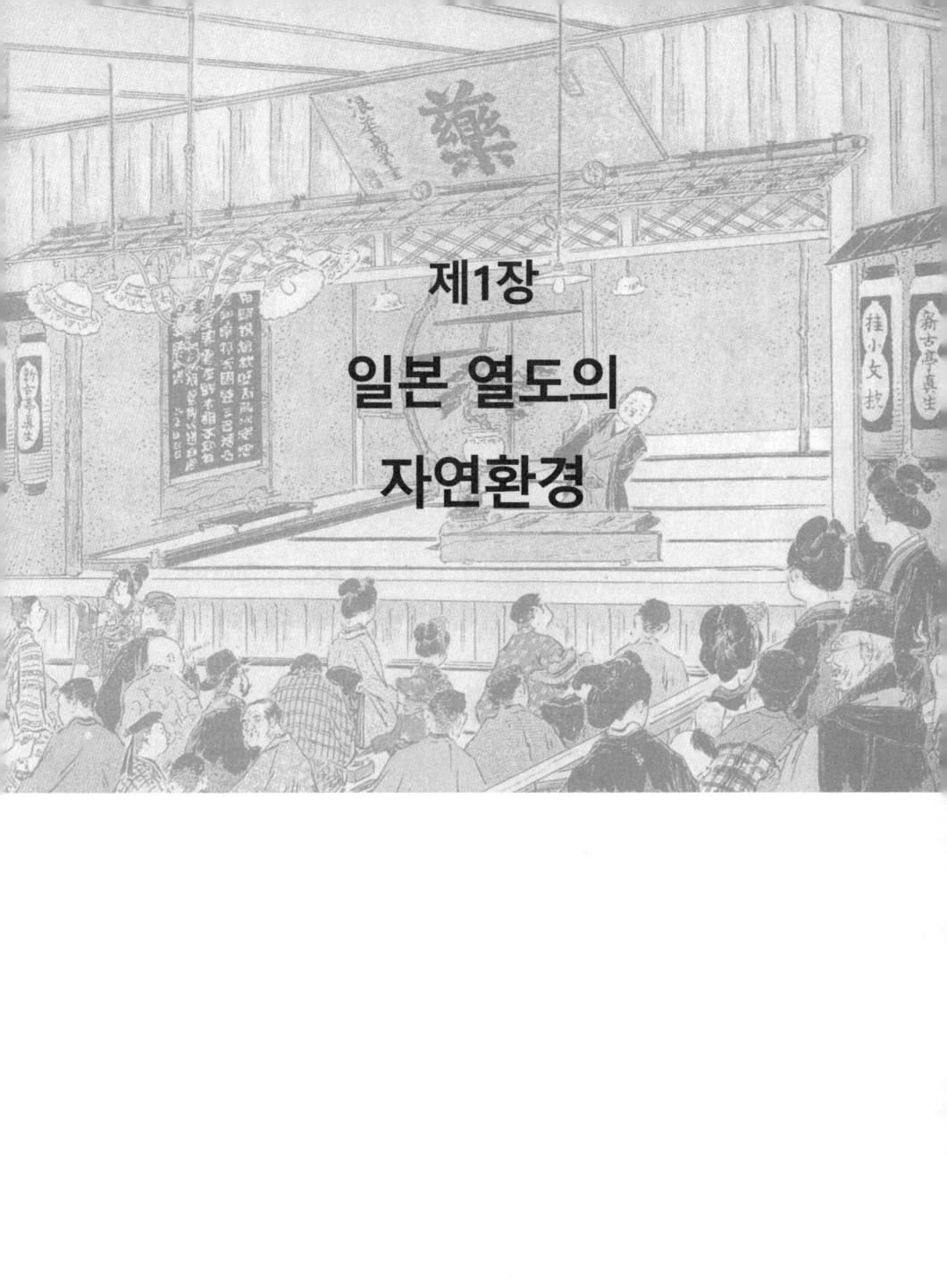

제1장
일본 열도의 자연환경

1.1

일본 열도

a. 영토

일본은 아시아 대륙의 동쪽 바다에 있는 섬나라이다. 일본 열도는 여러 개의 섬이 북동쪽에서 남서쪽으로 마치 활처럼 놓여 있다. 일본 열도에는 홋카이도北海道, 혼슈本州, 시코쿠四国, 규슈九洲의 큰 섬 4개로 이루어져 있지만, 그 밖에 오키나와沖縄를 비롯한 1,000여 개의 크고 작은 섬들로 이루어져 있다. 일본 열도는 북쪽으로는 오호츠크 해를 사이에 두고 러시아와 마주하고 있고, 서쪽으로는 동해를 가운데 두고 한반도와 마주하고 있다.

일본 열도의 크기는 약 38만 제곱킬로미터이다. 4개의 큰 섬인 홋카이도, 혼슈, 시코쿠, 규슈 중에서는 혼슈가 가장 큰 약 23만 제곱킬로미터로 한반도와 비슷한 크기이다. 일본 열도는 동경 123~154도, 북위 20~46도 사이에 놓여 있다. 4개의 큰 섬의 최장거리, 즉 홋카이도 북단에서 규슈 남단까지 거리는 약 1,800km이다. 그 거리는 한반도의 최북단 함경북도 온성에서 최남단 전라남도 해남까지의 약 1.8배에 해당한다. 본토에서 멀리 떨어진 작은 섬들을 시야에 넣으면 일본 영토의 최북단에서 최남단까지의 거리는 3,500km나 된다. 그러나 일본 열도의 폭은 좁은 편이다. 가장 넓은 곳도 300km밖에 안 된다.

　일본 열도의 지형은 기복이 심하다. 강의 길이는 짧고 물살이 빠른 곳이 많다. 해안선은 대체적으로 복잡한 리아스식 해안이다. 또 일본은 환태평양 지진대에 속해 있으며, 세계 화산의 10퍼센트가 일본 열도에 산재한다. 일본 열도는 지진 다발 지대이기도 하다. 국토의 67퍼센트가 산지로 대부분은 숲으로 뒤덮여 있다. 농지는 14퍼센트, 택지는 3퍼센트, 공업용지는 0.4퍼센트 정도이다.

b. 인구

　일본의 인구는 약 1억 2천 5백만 명이다. 인구의 70퍼센트 정도가 간토関東 남부에서 규슈 북부에 걸친 태평양 연안에 거주한다. 인구중

가율은 1980년 이후 계속 저하하고 있다. 일본인의 평균 수명은 2022년 기준 남성이 81.47세이며 여성은 세계에서 가장 높은 87.57세를 기록하였다. 특히 여성의 평균 수명은 1985년 이래 계속 세계 1위를 유지하고 있다. 출생률이 계속 줄어들고 있지만, 제2차 세계 대전 이후 의학이 급속도로 발전하여 사망률 또한 현저히 줄어들고 있다. 그래서 일본은 이미 초고령사회에 진입한 상태이다.

1.2

풍토

a. 기후

일본은 온대 몬순 기후에 속한다. 따라서 겨울에는 아시아 대륙에서 불어오는 북서 계절풍, 여름에는 태평양에서 불어오는 남동 계절풍의 영향을 받아 사계절이 뚜렷하고 여름에는 고온다습, 겨울에는 한랭건조하다. 온대에 속하는 나라들 중 특히 강수량이 많은 것이 특색이다.

일본 열도는 냉대 기후에서 열대 기후까지 걸쳐 있고, 복잡한 지형과 해류의 영향이 크다. 그래서 지역별 기후의 차이가 크다. 태평양 연안 지대는 여름이면 매우 무덥고, 겨울에는 건조하고 맑은 날이 많아진다. 한편 서북쪽에서는 겨울에 시베리아 계절풍의 영향으로 눈이 많이 온다. 니가타新潟 현을 포함한 호쿠리쿠北陸 지방은 세계적인 다설 지대로 손꼽히는데, 눈이 많이 올 때는 4~5m나 쌓이기도 한다. 홋카이도를 제외한 지역에서는 6월 초순부터 7월 중순에 걸쳐 장마가 계속되고, 8월부터 10월에 걸쳐 특히 남서부 지역이 태풍의 피해를 입는다.

일본에서는 장마를 쓰유梅雨라고 한다. 쓰유의 기간은 반드시 일정하지는 않은데, 쓰유 기간의 전기에는 비가 조용히 내리고 후기에는 비가 많이 내리는 경향이 있다. 쓰유 기간의 말기에는 집중 호우가 내리는 일이 많다. 쓰유 기간의 강우량은 지방에 따라 차이가 많다. 홋카이도 지방은 쓰유의 영향을 거의 받지 않는다. 쓰유가 끝나면 무더위가 시작되면서 본격적으로 여름에 접어든다.

같은 온대에 속하지만 한국에 비해 일본은 습도가 높다. 맑은 날이면 집집마다 이불을 내다 말리는 모습을 어디서나 볼 수 있다. 예를 들어 도쿄東京의 7월 중순부터 8월말까지의 습도는 80퍼센트에 이르러 불쾌지수가 매우 높다. 가장 더운 8월의 평균 기온을 보면 도쿄와 나고야名古屋가 27.1도, 교토京都가 27.7도, 오사카大阪가 28.2도, 후쿠오카福岡가 27.6도 등이다. 참고로 같은 기간에 서울은 26.8도이다.

b. 사계

　일본에서 봄이 오는 시기를 알려주는 지표는 벚꽃이다. 벚꽃은 오키나와에서 보통 1월 말에 피고, 홋카이도에서는 5월 말에 피기 때문에 '벚꽃 전선'이라는 용어가 사용되기도 한다. 벚꽃은 1~2주 정도 개화하는데, 따뜻한 남쪽부터 '벚꽃 전선'이 북상하며 벚꽃이 핀다. 벚꽃이 피면 사람들은 꽃구경을 하기 위해 공원으로 몰려든다. 벚꽃 구경을 하나미花見라고 하는데, 벚꽃 아래에서 가족들 또는 회사의 동료들끼리 꽃향기를 맡으며 즐거운 시간을 보낸다. 벚꽃이 시들면 등꽃을 비롯한 봄꽃들이 연이어 핀다.

　여름은 대체로 맑은 날씨가 지속되지만, 한 달 가까이 지속되는 쓰유 기간에는 거의 매일 비가 온다. 여름 내내 홋카이도 지방을 제외한 일본 전역은 기온과 습도가 높다. 7월부터는 본격적인 무더위가 시작된다. 한여름에 속하는 8월에는 덥지만 날씨가 맑으므로 캠핑, 하이킹, 수영 등 스포츠를 즐기는 사람들이 많아진다. 또 여름에는 다양한 축제나 이벤트가 많이 개최되기도 한다.

　늦여름과 가을 동안은 태풍이 자주 발생하는데, 태풍은 주로 남동부 해안에 피해를 준다. 가을이 깊어갈수록 날씨는 점점 건조하고 서늘해진다. 단풍은 가을을 재촉하는 전령사라고 할 수 있다. 단풍이 들기 시작하면 사람들은 겨울 채비를 하기 시작한다. 가을에는 벼를 비롯한 농작물을 거둬들이고, 지방마다 특색 있는 추수감사 행사가 벌어진다. 10월 중순이 되면 맑은 하늘이 계속되면서 겨울바람이 불기 시작한다.

12월에 기압이 완전한 겨울 형태로 배치되면서 북서풍이 일본 열도 북쪽에 눈을 뿌리고 태평양쪽에서는 건조한 바람이 불기 시작한다. 도쿄의 기온은 대체로 영하를 조금 웃도는 정도이고, 태평양 연안 평야의 겨울 온도는 대부분 영상을 유지한다. 건조하면서도 햇빛이 따사롭다. 일본 중부와 북부 지방은 겨울 스포츠를 즐기기에 적합한 날씨가 계속된다.

c. 재해

일본 열도는 환태평양 지진대에 속하며 지반이 극히 불안정하다. 아시아 대륙을 지탱하고 있는 아시아플레이트 밑에 이보다 비중이 무거운 태평양 플레이트가 밀고 들어오고 있는데, 양자는 일본 열도의 바로 밑에서 충돌한다. 그래서 뒤틀림이 일어나고 그 때 축적되는 에너지가 한도를 넘으면 뒤틀림을 원래대로 되돌리려는 힘으로 작용하면서 대지진이 발생한다고 알려져 있다. 세계에서 발생하는 규모 6.0이상의 지진 중 5분의 1이 일본에서 발생하고 있고, 감지되지 않는 지진까지 포함하면 무수한 지진이 발생하고 있다.

일본 전역에 걸쳐 화산 분화가 일어나고 있다. 일본에는 전 세계의 10분의 1에 해당하는 86개의 활화산이 있다. 지난 2000년에는 도쿄 앞 바다에 있는 미야케지마三宅島에서 화산이 분화해 섬 주민 모두 대

피한 적이 있고, 최근에도 홋카이도의 우스잔有珠山, 규슈의 운젠다케雲仙丘 등에서 분화가 일어나기도 하였다. 후지산富土山도 지금까지 여러 차례 분화했고 앞으로도 분화할 것으로 예상하고 있다. 화산 활동의 영향으로 일본에는 온천이 많다.

매 해 30번에 가까운 태풍이 일본 열도 쪽으로 향한다. 특히 오키나와, 가고시마鹿兒島, 고치高知 등의 지역으로는 매년 태풍이 지나기 때문에 이 지역을 도쿄의 대표적인 번화가 긴자銀座의 이름을 따서 '태풍 긴자'라고 한다. 태풍에 의한 강풍과 호우, 하천의 범람 등으로 일본은 매년 막대한 피해를 입는다.

혼슈의 북쪽 지역은 세계에서도 손꼽는 폭설 지대이다. 겨울철에 대륙에서 동쪽으로 불어오는 계절풍이 수증기를 가득 머금은 상태로 혼슈 중앙부에 높이 솟아있는 산맥에 부딪쳐 많은 눈을 내리게 한다. 평지에서는 1~2m, 산간 지역에서는 2~3m의 눈이 내린다. 또한 곳에 따라서 5m 이상의 많은 눈이 내리기도 한다. 적설 기간도 긴 곳은 5개월 이상 지속되기도 하는데, 이러한 지역은 세계에서도 그 유례를 찾아보기 힘들다.

1.3 행정구역

행정구역 지도

일본은 행정구역상 1都, 1道, 2府, 43縣으로 나뉘어진다. 즉, 도쿄도東京都, 홋카이도北海道, 교토부京都府·오사카부大阪府, 그리고 도호쿠東北 지방 6현, 간토関東 지방 6현, 주부中部 지방 9현, 긴키近畿 지방 5현, 주고쿠中国 지방 5현, 시코쿠四国 지방 4현, 규슈 지방 7현 등 모두 43개 현으로 구성되어 있다.

a. 홋카이도 지방

일본 열도의 최북단에 있는 홋카이도는 혼슈 다음으로 넓은데, 쓰가루津軽 해협의 세이칸青函 해저 터널로 혼슈와 연결되어 있다. 기후는 일본의 다른 지역들과 매우 다르다. 여름에는 비교적 시원하고, 장마 기간이 없다. 하지만 겨울에는 매우 춥다.

험준한 산맥이 홋카이도를 가로지르고 있다. 원시림, 활화산, 큰 호수 등 아름다운 자연경관으로 유명하다. 홋카이도 동쪽에 있는 구시로釧路 습지는 철새의 도래지로 유명하다.

홋카이도는 특히 수산업과 임업이 발달하였다. 수산업과 임업은 식품 가공, 목공업, 펄프, 제지산업과 같은 산업 활동의 기반이 되고 있다.

홋카이도에서 가장 중심이 되는 도시는 삿포로札幌이다. 매년 2월 초 삿포로에서 개최되는 눈 축제가 유명한데, 눈과 얼음으로 만들어진

수많은 대형 조각품들이 전시된다. 홋카이도 남쪽에 위치한 항구도시 하코다테函館는 아름다운 야경으로 유명하다.

홋카이도에는 토착민인 아이누족이 거주하고 있다. 16세기경부터 일본인들은 홋카이도 토착민들과 교역을 하였는데, 이곳에 본격적으로 이주하기 시작한 것은 근대 국가가 수립된 19세기 말부터였다. 이때부터 일본 정부는 홋카이도를 대대적으로 개발하기 시작하였다. 홋카이도라는 명칭도 1869년부터 사용하기 시작하였다.

b. 도호쿠 지방

도호쿠 지방은 혼슈의 가장 북쪽에 위치한다. 면적으로는 전국의 20퍼센트지만 인구는 10퍼센트정도 밖에 안 된다. 이곳의 여름은 짧고 겨울은 길며, 남부와 북부의 온도차가 크다. 아오모리青森, 아키타秋田, 이와테岩手, 야마구치山口, 미야기宮城, 후쿠시마福島 등 6개 현으로 구성되어 있다. 인구의 대부분이 태평양 연안과 서북쪽 해안을 따라 분포되어 있다.

경작지의 65퍼센트가 논으로 전국 논의 약 4분의 1을 차지한다. 서늘한 여름 기후가 작황에 피해를 주는 경우가 많다. 수산업과 임업도 중요한 비중을 차지한다. 그 밖의 주요산업으로 전자설비, 화학품 제조, 펄프가공, 시멘트, 석유정제 등이 있다. 260개 이상의 작은 섬들로 구성된 마쓰시마松島는 일본 3대 경관의 하나로 꼽힌다.

c. 간토 지방

　간토 지방은 혼슈 남동부에 위치한다. 일본의 수도인 도쿄와 군마群馬, 도치기栃木, 이바라키茨城, 치바千葉, 가나가와神奈川, 사이타마埼玉 등 6개 현으로 구성되어 있다. 이 지방은 일본에서 가장 많은 인구가 모여 사는 곳이다. 이 지방의 중심인 도쿄, 요코하마橫浜 지역은 일본의 상업과 산업의 중심지이다. 도쿄, 요코하마, 가와사키川崎를 중심으로 도쿄만 연안을 따라 뻗어있는 게이힌京浜 공업지대와 도쿄와 치바千葉를 잇는 게이요京葉 공업지대는 일본에서 굴지의 산업지대이다.

　일본의 수도인 도쿄에 약 1,300만 명의 인구가 살고 있다. 대기업, 외국 회사, 그리고 대중 매체 본부들이 도쿄에 집중되어 있다. 도쿄는 문화와 오락의 중심지로도 유명한데, 현대 예술과 전통 예술이 조화롭게 어우러져 있다. 도쿄 시내에서 2시간 거리 내에 위성도시들이 많이 들어서 수도권을 형성하고 있다.

　도쿄의 신주쿠新宿, 아키하바라秋葉原, 시부야渋谷, 긴자銀座 등의 번화가는 세계적으로 알려진 명소이다. 도쿄 역 근처에 있는 니혼바시日本橋는 거리 산정의 기점으로 활용되고 있다. 도쿄는 한때 환경오염의 온상이었으나, 1960년부터 하천 정화에 힘쓴 결과 지금은 환경이 많이 좋아졌다.

d. 주부 지방

주부 지방은 혼슈 중앙부에 위치하며, 도호쿠 지방과 간토 지방, 긴키 지방 사이에 끼어 있다. 니가타新潟, 도야마富山, 이시카와石川, 후쿠이福井, 야마나시山梨, 나가노長野, 기후岐阜, 시즈오카静岡, 아이치愛知 등 9개 현으로 구성된다. 또 주부 지방은 전통적으로 크게 3개의 지역으로 구분되기도 한다. 서북쪽 바다에 접한 지역을 호쿠리쿠北陸 지방, 내륙부의 높은 산들이 모여 있는 지역을 고신甲信 지방, 태평양에 면한 지역은 도카이東海 지방이라고 부르기도 한다.

호쿠리쿠 지방은 눈이 많이 내리는 곳이다. 시베리아로부터 부는 북서 계절풍이 높은 산맥에 부딪히면서 많은 양의 눈을 뿌리기 때문이다. 이 지역에는 12월부터 2월까지 눈이 많이 내리고 산간부에는 2~4m의 눈이 쌓이기도 한다. 눈이 쌓여 긴 겨울 동안 일을 할 수 없었던 이 지방 농가에서는 예부터 다른 지역으로 돈 벌러 나가거나 실내에서 부업을 하였다.

고신 지방은 히다飛驒 산맥과 기소木曽 산맥, 아카이시赤石 산맥이 남북으로 가로지르고 있는데, 3,000m가 넘는 산들이 모여 있어 '일본 알프스'라 불린다. 이곳은 고원, 호수, 온천이 많으며, 경치가 좋아 국립

공원으로 지정된 곳이 많다.

　도카이 지방에 인구가 집중되어 있다. 나고야名古屋 시는 여러 철도와 고속도로가 집중되어 있는 교통의 중심지이다. 나고야시를 중심으로 주쿄中京 공업지대가 형성되어 있다. 주쿄 공업지대의 동쪽으로는 도카이 공업지역이 있다. 도카이 지방은 기후가 온난하고 도쿄, 오사카, 나고야 등 대도시에 가까운 입지 조건 때문에 원예농업이 발달하였다. 온실이나 비닐하우스에서 꽃, 채소 등을 속성 재배하고 있다. 시즈오카 현은 일본 제일의 차 생산지이다.

e. 긴키 지방

　혼슈의 중서부에 위치한 긴키 지방은 교토부, 오사카부 및 시가滋賀, 미에三重, 와카야마和歌山, 효고兵庫 등의 4개 현으로 구성되어 있다. 세토나이카이瀨戶內海에 면해 있는 긴키 지방은 예부터 대륙의 문화를 받아들이는 교두보 역할을 해 왔다. 옛 수도인 교토, 전통적 상업 도시인 오사카, 일본 근대화의 상징인 고베神戶와 같은 도시들이 상업 중심지로 자리하고 있다.

　794년부터 약 1,000년 동안 일본의 수도였던 교토는 사찰과 신사, 여러 가지 유적들이 많은 곳이다. 국보와 중요 문화재의 20퍼센트가 교토부에 집중되어 있다. 일본 3경의 하나인 아마노하시다테天橋立도

교토에 있다.

오사카는 일본 서부 금융의 중심지이다. 한신 공업지대의 한 축을 이루는 오사카는 화학, 기계류, 철강, 금속, 조선 등의 산업이 발달하였다. 신칸센新幹線을 통해 도쿄와 규슈로 연결되는 교통의 요지이기도 하다.

긴키 지방은 일명 간사이関西라고도 하는데, 긴키가 명확한 경계를 갖는 지리학적인 구분이라면 간사이는 문화와 역사적인 구분으로 간토와 대비된다.

f. 주고쿠 지방

주고쿠 지방에는 돗토리鳥取, 시마네島根, 오카야마岡山, 히로시마広島, 야마구치山口 등의 현이 있다. 주고쿠 지방은 주고쿠 산지가 길게 뻗으면서 동서로 양분되어 있는데, 북서쪽 바다에 면한 지역을 산인山陰 지방, 동남쪽 세토나이카이에 면한 지역을 산요山陽 지방이라고 부르기도 한다.

평야가 없는 주고쿠 지방은 전반적으로 교통망의 정비가 늦어지고 공업의 발달도 뒤처졌다. 특히 산인 지방의 발전 속도가 느리다. 철도나 고속도로도 도쿄 방면 노선 중심으로 설정되어 있기 때문에 주고쿠 지방 내의 이동이 오히려 불편한 경우가 많다. 이에 비해 산요 지방은 철도를 통해 도쿄, 규슈 등의 지역으로 연결되고, 고속도로도 개통되어 있다.

세토나이카이에 면한 지역은 원래 어업이 활발한 곳이었다. 해안 어업과 더불어 에도江戸 시대부터 히로시마 만에서 굴과 김을 양식하였고, 제2차 세계대전 후에는 도미나 새우 등과 같은 어류 양식업이 활발히 전개되었다. 이 지역에는 공업지대도 형성되어 있다.

흔히 미야지마宮島로 알려진 이쓰쿠시마厳島는 히로시마 현에 있는데, 이쓰쿠시마 신사神社로 유명하며 일본 3대 경관의 하나로 손꼽힌다. 히로시마는 2차 대전 당시 원폭이 투하된 곳인데, 이곳의 평화기념공원에는 원폭기념관이 세워져 있다.

g. 시코쿠 지방

시코쿠 지방은 세토나이카이에 위치해 있는데 도쿠시마徳島, 고치高知, 가가와香川, 에히메愛媛 등의 현으로 구성되어 있다. 시코쿠 섬은 일본의 4개 주요 섬 중에서 가장 작다.

시코쿠 지방에는 시코쿠 산지가 동서로 길게 뻗어 있어 섬을 양분하고 있다. 도쿠시마 현은 긴키 지방과 지리적으로 가깝기 때문에 예부터 긴키 지방과 교류가 많았다. 가가와 현은 오카야마 현과의 관계가 밀접하고, 에히메 현은 히로시마 현과 교류가 활발하였다. 최근에는 혼슈와 시코쿠를 연결하는 교량이 세워지면서 왕래가 편리해졌다.

세토나이카이와 면한 지역에는 세토나이카이 공업지역이 형성되었다. 이곳은 온난하고 비가 적기 때문에 올리브나 귤이 재배되고 있다. 어업 활동도 활발해 세토나이카이를 중심으로 어업을 통한 생활권이 형성되어 있다.

h. 규슈 지방

규슈 지방은 후쿠오카, 사가佐賀, 나가사키長崎, 구마모토熊本, 가고시마鹿兒島, 미야자키宮崎, 오이타大分, 오키나와 등 8개 현으로 구성되어 있다. 특히 1,400개 이상의 섬이 규슈 지방에 부속되어 있다. 규슈는 자동차와 사람이 다닐 수 있는 해저 터널, 신칸센이 다니는 해저 터널로 혼슈와 연결되어 있다.

규슈 지방은 화산과 온천이 많은 산악 지대이며, 아열대 기후로 농업과 축산업, 양돈, 그리고 수산업이 발달하였다. 기타큐슈北九州 공업지대는 금속 등 중화학공업의 집산지이다.

오키나와 현은 규슈 남부에서 멀리 떨어진 60여개의 섬들로 이루어져 있다. 오키나와는 원래 유구琉球 왕국으로 일본과는 역사와 전통이 다른 섬이었다. 그런데 19세기말에 일본에 강제로 편입되었다. 2차 대전 후부터 1972년까지 미군의 지배를 받기도 하였다. 오키나와에는 이시가키지마石垣島와 미야코지마宮古島와 같은 산호로 유명한 아름다운 섬들이 많이 있다.

제2장

일본어

일본인들은 가나仮名라는 표음문자를 사용하고 있다. 일본어 문장은 한자와 히라가나를 함께 쓴 문장이 기본이고, 가타카나, 숫자, 로마자 등이 함께 쓰인다. 한글 전용이 가능한 한국어와 비교해 보면 한자의 비중이 매우 크다는 것을 알 수 있다. 일본어를 말하고 들어서 알 수 있어도 그것을 온전한 문장으로 적으려면 가나 문자 외에 한자를 익혀야 하는 것이다.

일본의 경우는 세로쓰기의 전통이 아직 강하게 이어져서 신문 잡지 등의 출판물에서 아직 많이 쓰이지만 가로쓰기도 보급되어 있다. 보통은 의문부호나 감탄부호는 사용하지 않고 굳이 의문의 어조나 감탄의 느낌을 표현하고자 할 때만 사용하고 있다.

2.1

가나

일본의 문자는 히라가나平仮名와 가타카나片仮名이다. 하나의 음을 나타내는데 고유의 문자가 2종류나 존재하는 예는 세계적으로도 특이한 케이스라고 할 수 있다.

가나가 일본 고유의 문자라고는 해도 한글과 같이 독창적인 과정을 통해 창조된 것이 아니다. 히라가나와 가타카나가 만들어지기 전에는 한자의 음과 훈을 빌린 만요가나万葉仮名가 사용되었는데, 히라가나와 가타카나는 만요가나에서 발전한 것이다.

'가나'는 한자로 '假名'라고 쓴다. '나名'는 이름이라는 의미 이외에도 글자, 문자라는 의미도 갖고 있다. '가'의 훈訓은 '가리かり'로, '가나'

는 '가리나카리나'에서 '간나칸나', 가나로 변해 왔다. 가나라는 말의 뜻은 '가리'가 '임시' 또는 '가짜'등의 뜻을 가졌으므로, 해석하면 '가짜 글자'라는 뜻이 된다. 이에 비해 한자는 '마나真名'라고 불러 '진짜 글자'나 '정식 글자'라고 생각했으며, 예전의 우리나라에서 한문을 '진서眞書'라고 대접하고 한글을 '언문'이라고 천시했던 것과 같았다.

a. 히라가나

히라가나는 10세기경에 만요가나로 사용되던 한자의 초서草書가 더욱 간략화 되면서 형성되었다. 한자의 초서체로 쓰여진 만요가나를 '소가나草仮名'라고 하는데, 이 소가나의 점과 획을 더욱 간략화한 것이 '히라가나' 이다. 따라서 히라가나의 글자체는 그 바탕이 되었던 한자의 모습을 지니고 있다. 예를 들자면 '安'이 'あ'가 되었고, '仁'이 변해 'に'가 된 것이다.

'히라가나'라는 명칭은 17세기경에 붙여졌다. 그 이전에는 '마나'에 대립되는 개념의 명칭으로 가나, 간나칸나, 또 주로 여성들이 사용한다고 하여 온나데女手 등으로 불리었다. 소가나를 사용하던 시대에는 한자는 남성들의 전유물이었다. 당시 여성들은 한자를 몰라 만요가나조차도 사용할 수 없었기 때문에 소가나를 더욱 간략하게 하여 시가나 편지 등을 적었고, 이러한 과정을 통해 한자에서 독립하게 되었다.

10세기 이후 가나는 『만요슈万葉集』의 전통을 잇는 와카和歌를 적는 데에도 사용되지만, 여성들에 의한 이야기, 일기, 수필 등 가나 문학이 성행하였고, 이와 함께 글자의 모양도 현재와 비슷한 우아한 모습으로 바뀌게 되었다.

히라가나는 이후에도 여성들에 의해 명맥을 이어오다가 에도江戸 시대에 서민 교육의 보급과 함께 널리 사용되게 되었다. 우리나라의 한글이 창제 이후 여성들에 의해 주로 사용되며 명맥을 이어온 것과 흡사하다고 할 수 있다.

만요가나는 한자의 음과 훈을 빌린 것이었기에, 예를 들어 'い'를 나타낼 때 만요가나로서 伊, 夷, 怡, 以, 異, 己등 비슷한 음을 갖는 여러 종류의 한자들이 사용되었다. 그렇기 때문에 히라가나도 초기에는 많은 글자체들이 존재했지만, 점차 복잡한 글자체들은 도태되었고, 최종적으로 1900년의 소학교령 제정 이후 현재와 같은 글자체가 정립되었다.

하지만 소학교령 제정 이후에도 공식문자로는 한자와 가타카나가 우선이었고, 히라가나는 다음 순위로 여겨졌었다. 히라가나가 가타카나보다 우위를 점하게 된 것은 1945년 패전 이후, 보통교육이 확대되면서부터라고 할 수 있다.

b. 가타카나

가타카나는 만요가나로 사용되던 한자의 초서체가 간략화 되어 만들어진 히라가나와는 달리 만요가나로 사용되던 한자의 부수를 차용하여 만든 글자이다. 즉 '伊'는 'イ'로, '仁'은 'ニ'가 된 것이다.

'가타片'라는 말은 '불완전한, 충분치 못한, 부조화'등의 의미를 가진 말로, '가타카나片仮名'는 '불완전한 문자'라는 뜻이 된다.

가타카나는 9세기경 승려들이 한문으로 된 불교 경전을 훈독할 때 한자 읽는 법이라든가, 조사, 조동사 등을 문장의 좌우 행간 등에 기입했던 것에서 비롯되었다.

훈독이란 일본어와 어순과 어법이 다른 중국어로 기록한 한문을 일본어의 어순에 맞추어 읽는 것을 말하는데, 훈독을 하기 위해서는 중국어에는 없는 조사라든가 조동사를 기입할 필요가 있었다. 좁은 행간에 그러한 것들을 적어 넣기 위해서는 복잡한 만요가나의 글자체는 불편하고 비능률적이었을 것이므로, 간단히 쓸 수 있는 표기 방식이 고안되었을 것이다. 따라서 초창기에는 문자라기보다는 한문 훈독의 보조 기호로서 부호적인 성격이 강했다고 할 수 있다.

이후 가타카나는 불교 경전뿐만 아니라 한문을 훈독할 때에도 사용하게 되면서 보급되었다. 초기에는 히라가나와 마찬가지로 많은 다른 글자체가 있었지만, '간단하게'라는 효율성 때문에 히라가나와는 달리 헤이안 중기에 이미 통일된 글자체의 모습을 보인다.

10세기 이후에는 점차 부호적인 성격에서 벗어나 그 때까지 만요가나로 기록되었던 것들을 가타카나로 대체하면서 문자로서의 독립성을 갖게 되었다. 이후에는 필요한 것을 가타카나로 적는 것이 보편화되고, 한자와 섞어 쓰면서 불교 경전이나 유학 경서의 주석서뿐만 아니라 다양한 장르의 문학 작품에도 사용되게 되었다.

가타카나는 그 탄생 배경이 한문의 훈독과 관련이 있는 만큼, 학술적인 성격이 강한 글자로 인식되었다. 중세 이후에 출간된 대부분의 학술 서적은 한자와 가타카나로 인식되어 한자와 가타카나가 섞여 쓰였고, 공문서에도 그러한 문체가 사용되었다. 이러한 관습은 1900년 소학교령 제정에 의한 가타카나 글자체 통일 이후에도 계속되어 관청의 공문서나 학교의 교과서 등은 모두 한자와 가타카나가 섞인 문장으로 표기되는 등 공식적인 문자로 대접받았다.

하지만 1945년 이후 보통교육 확대와 함께 히라가나가 널리 사용되면서부터는 가타카나는 주로 외국의 지명, 인명이나 외국어 그리고 외래어의 표기에 주로 사용하게 되었는데, 이 역시 가타카나가 만들어질 때 당시로는 외국어였던 한문을 읽는 데에 사용되었다는 사실과 무관하지 않을 것이다. 그 밖에도 가타카나는 의성어, 일부의 동식물명과 전문용어, 그리고 무엇을 강조하거나 두드러지게 나타내고자 할 때 사용되고 있다.

2.2

한자

 일본어에서 한자는 중국에서 기원한 한자어와 일본 고유의 어휘를 표기하는 두 가지 표현법이 사용되고 있다. 즉, 중국 고유의 한자어를 표현하는 방식인 음독音読과 고유의 어휘를 한자로 표기하고 고유의 발음으로 읽는 훈독訓読이 그것이다. 다시 말해 음독이라는 단어에서 '音'을 중국어 발음에 가깝게 '온おん'이라고 읽는 것이 음독이고, '읽기'라는 뜻의 일본 고유어를 '요미読み'라고 읽는 것이 훈독이다. '訓'이라는 문자는 본래적으로 내포하고 있는 의미를 풀어준다는 것으로 한자의 의미를 일본어로 표현하는 것을 뜻한다.

 현재 일본에서 사용되고 있는 한자는 4~5만 자 정도로 한자의 극히 일부분이라고 할 수 있다. 일본 문부성은 1946년에 그 중에서 공문서나 의무교육, 일반 잡지나 신문 등에 사용되는 한자를 1,850자로 제한하고 이를 일상생활에 사용되는 한자로 정하였다. 그 후 한자 수가 더 늘어나 1,945자가 되었고 이를 상용한자라고 한다.

2.3 외래어

일본어는 외국어에서 말을 빌려온 외래어가 많다. 외래어 표기는 보통 가타카나로 하는데, 한자어에서 차용한 단어는 그 수가 방대할 뿐만 아니라 한자로 표기하기 때문에 외래어라고 하지 않는다. 외래어라고 할 때 주로 서양에서 들어온 말을 가리킨다.

근대 일본은 서구의 문물과 사상을 받아들였다. 일본의 학자들은 일본인이 이해할 수 있는 수천 개의 새로운 번역어를 만들어 내었다. 당시 이 작업에 관계했던 학자들은 중국 고전에 정통해 있었고, 한문의 소양을 바탕으로 한 한자어의 사용이 유행하고 있었기 때문에 가능한 일이었다.

당시 중국은 이미 영화자전英華字典과 같은 영어 관련 사전이 편찬되고 성서가 번역되어 있었다. 그래서 일본인 학자들은 중국에서 이미 번역된 단어나 개념을 차용하였다. 예를 들면 개화開化, 은행銀行, 보험保險 등이 중국에서 이미 번역된 서양어를 일본어로 차용한 경우이다. 한편 한자어에 새로운 의미를 추가하여 번역어를 만들기도 하였다. 예를 들면 자유自由, 관념觀念, 분류分類, 경제經濟 등과 같은 단어들이 그것이다.

일본인 학자들이 서양 서적을 번역할 때 새로이 만든 단어나 개념도 많다. 예를 들면 철학哲學, 상식常識, 추상抽象, 우편郵便, 진화進化, 희극喜劇, 정의定義 등과 같은 번역어들이 그것이다. 일본인들이 사용하는 번역어는 구한말에서 일본강점기를 거치면서 우리말 속에 유입되었다.

요즈음 우리나라에서도 번역어가 많이 등장하였다. 예를 들면 convenience store를 '편의점', sexual harassment를 '성희롱'과 같이 적절한 번역어를 만들어 냈다. 그런데 일본에서는 서양 언어를 줄이거나 조합해서 사용하는 경우가 많다. convenience store를 줄여서 콤비니, sexual harassment를 조합해서 세쿠하라라는 말을 만들어서 쓰는 것이다.

패전 후 일본이 경제대국으로 발돋움하면서 가장 많이 사용한 외래어는 아마도 카메라camera, 라지카세radio-cassette, 와크만walkman 등일 것이다. 이러한 단어의 대부분이 약조어略造語이다. 스낙크snack, 가라오케(비어 있는 orchestra), 와프로word processor, 파소콘personal computer 등도 마찬가지이다. 약조어 중의 일부는 한국에도 직수입되어 사용되고 있다. 리모콘remote control, 재테크財techology 등이 대표적인 예라고 할 수 있다. 그 외에도 테레비television, 아니메animation, 콘비니convenience store 등 헤아릴 수 없이 많다. 특히 일본의 대학가에서 가장 많이 사용하는 약조어는 제미seminar와 콤파company이다. 제미는 세미나 형태의 수업이고 콤파는 나카마仲間, 즉 동료를 말하는데, 일본에서는 '나카마들의 모임'이라는 의미로 전용되어 축약시킨 것이다. 일본 대학생들은 제미가 끝나면 대개 콤파라는 모임을 갖는다.

제2차 세계대전 이후 서양 문명과 문화가 물밀듯이 들어오면서 외래어 사용이 급증하였다. 전후 외국에서 새로운 사상과 함께 언어가 유입되었다. 그러나 외국 언어는 대부분은 엄청난 수의 기술 용어에서 알 수 있듯이 대응하는 일본어가 없는 전문 용어였다. 대응하는 표현이 있어도 새로움이나 고급스러움을 강조하기 위해 외래어를 사용하였다. 또한 '화장실'이라는 말을 WC나 토이레와 같이 완곡하게 표현하는 경우도 있었다.

16세기에는 포르투갈과 스페인 사람들이 일본으로 건너오면서 기독교나 상업과 관련된 말이 포르투갈어나 스페인어에서 차용되었다. 당시 일본에서는 포르투갈과 스페인 사람들이 일본의 남쪽에서 왔기에 그들을 남만인南蠻人이라 불렀다. 당시 남만에서 도래한 단어로 가루타歌留多, 갑파合羽, 보탄, 빵, 카스테라, 다바코煙草, 메리야스, 샤봉[비누] 등이 있다. 덴푸라, 보탄, 즈봉, 다바코, 브랑코[그네] 등은 포르투갈어를 어원으로 하고 있다.

17세기에서 19세기까지 일본은 유럽의 여러 나라 중에서 네덜란드를 유일한 교역국으로 정하였다. 그래서 네덜란드어에서 들어온 외래어가 많다. 예를 들면 고무, 쟈가이모[감자], 코크[요리사], 비루[맥주], 핀트, 펌프, 페인트, 부리키[양철] 등이 있다.

19세기 말에는 영어, 프랑스어, 러시아어에서 유래한 외래어가 많다. 현재는 영어에서 차용한 외래어가 압도적으로 많은데, 스토라이키[파업], 데파토[백화점], 카레라이스 등이 대표적인 것이다. 프랑스어에서 들어온 외래어는 속옷을 의미하는 주반襦袢을 들 수 있는데 프랑스어의 쥬퐁에서 온 것이다. 바지를 뜻하는 즈봉도 이 말에서 유래하였다. 프랑스어에서 유래한 외래어로는 복식 · 요리 · 외교 · 정치와 관련된 용어가 많고, 독일어에서는 의학, 인문과학, 등산, 스키 용어, 이탈리아어에서는 오페라, 소프라노, 솔로, 마카로니 등 음악과 요리에 관련된 용어들이 외래어로 자리를 잡았다.

2.4

경어

　일본어에는 한국어와 마찬가지로 말하는 사람이 듣는 사람에게 경의를 표하는 경어敬語라는 복잡한 언어 형식이 존재한다. 경어는 넓은 의미로는 스피치 레벨 전체의 계통을 뜻하고, 좁은 의미로는 존경을 나타내는 말 또는 표현 방식을 가리킨다. 경어는 대화 상대자의 지위나 관계 또는 말의 전후관계에 따라 달라지는데, 간단한 질문에도 20종류가 넘는 다양한 화법이 존재한다.

　화법은 기본적으로 말하는 이와 듣는 이의 지위나 친밀도에 의해 결정된다. 일반적으로 듣는 사람이 말하는 사람보다 윗사람이거나 양쪽이 그다지 친밀하지 않은 경우에는 정중어 '데스'(です:~입니다)와 '마스'(ます:~습니다)를 사용한다. 양자의 관계는 연령이나 성별, 직함, 또는 사회적 지위 등에 따라 다양하게 표현된다.

 동일집단 내에서는 말하는 사람이 윗사람일 경우, 반말(평상어)인 '다'(だ:~이다)를 사용할 것인지, 아니면 정중어를 사용할 것인지는 상황에 따라 말하는 이가 선택하게 된다. 반면 동일집단에 속해 있지 않은 사람간의 첫 대면에서는 보통 특별한 경우를 제외하고는 정중어를 사용한다.

 여성은 남성보다 정중한 화법을 쓰는 경우가 많다. 여성은 아랫사람에 대해서도 반말을 하는 경우가 드물다. 이 점이 한국어 화법과 다른 점이라고 할 수 있다. 여성은 광범위하게 정중어를 사용하고, 반말을 하는 것은 가족이나 친구, 자녀 정도에 국한된다.

제3장

연중행사

일본의 연중행사는 마을이나 지역, 민족 등을 단위로 행해지는 전통적인 관습으로, 농사력農事曆에 초점을 맞춘 계절 감각이 잘 드러나 있다. 본래 농경 생활은 천체의 운행이나 사계절의 변화와 밀접한 관련이 있고, 연중행사의 리듬은 몬순의 영향을 받아 매년 일본에 태풍이 분다는 자연 조건과도 밀접히 관련되어 있다.

일본의 연중행사 중에는 한국이나 중국에 기원한 것이 적지 않다. 또한 불교, 도교, 유교, 기독교 등 외래종교의 영향도 많이 받았지만, 일본 고유의 요소와 다양한 관습에 뿌리를 두고 있다. 일본의 연중행사에는 사계절의 변화가 뚜렷하게 반영되어 있다.

3.1

봄

a. 세쓰분

　사계절의 분기점이 되는 절기로는 입춘·입하·입추·입동을 일컫는다. 입춘은 1년의 시작을 알리는 절기이다. 입춘 전날에 세쓰분節分 행사가 전국 각지에서 열리고 있다. 세쓰분 행사에서 특히 이채로운 것으로는 귀신을 물리치기 위해 볶은 콩을 뿌리는 '마메마키豆撒き'를 들 수 있다.

　원래 먹을 것을 뿌리는 행위는 신에게 드리는 공양供養의 일종이다. 그러니까 마메마키는 여러 신에게 공양물을 바치는 행사인 셈이다. 가

마메마키 행사

정에서 행사를 할 때, 콩을 뿌리는 역할은 대개 그 집의 아들 또는 도시오토코年男가 담당한다. 도시오토코는 그 해에 25세·42세·61세가 된 남자를 가리킨다. 일본인들은 남자가 25세·42세·61세를 맞이하는 해를 야쿠도시厄年라고 하고, 그 나이가 된 남자를 도시오토코라고 한다. 도시오토코는 근신하며 매사 조심스럽게 한해를 지내야 한다고 믿고 있다. 도시오토코는 마메마키 행사뿐만 아니라 집안에서 열리는 각종 제사를 주관하게 된다.

일본인들은 콩을 뿌리면서 "오니와 소토, 후쿠와 우치"라고 외친다. 이 콩을 후쿠마메福豆 또는 도시토리마메年取り豆라고 한다. 후쿠마메는 가족들이 주워 먹는데, 자기 나이와 같은 수의 후쿠마메를 먹거나, 나이보다 한 개 더 먹으면 그 해에 복을 받는다고 믿고 있다.

제3장 연중행사 47

규모가 큰 사찰이나 신사의 마메마키 행사에는 인기 연예인이나 저명인사를 초대하여 많은 참배객들에게 콩 뿌리는 행사를 한다. 참배객들은 이 콩을 받아먹는다. 그러면 한 해 동안 건강하고 나쁜 일이 생기지 않는다고 믿고 있다.

b. 히나마쓰리

3월 3일에 열리는 히나마쓰리 雛祭り는 여자 어린이의 성장과 행복을 기원하는 연중행사이다. 여자 어린이가 있는 가정에서는 히나단 雛壇이라고 하는 계단식 장식대에 인형과 여러 가지 장식물을 진열한다. 히나단의 규모

인형과 여러 가지 장식물을 진열한 히나단

와 꾸미는 방식은 집집마다 다르지만, 기본적으로 빨간색 비단을 깔고 왕과 왕비 인형을 맨 위 단에 모시고, 그 아래 단에 궁녀, 악사樂士, 무사武士, 보물, 상자, 호위병, 귤나무, 벚나무, 가마, 수레 등의 모형을 가지런히 장식한다. 장식품 가운데서 중심이 되는 것은 왕과 왕비의 인형이며, 정교하게 만든 인형은 값도 비싸거니와 예술적 가치가 뛰어나다.

히나마쓰리는 원래 중국의 고대의 풍속에 기원한다. 중국에서 3월 3일은 사람에게 재액이 닥쳐오는 날이라 하는데, 이날 부정한 것을 씻고 재액을 피하는 행사를 열었다. 사람들은 물가로 나와 몸을 씻어 재액을 떨어 버리고 술을 마시며 떠들썩하게 놀았다.

이런 행사는 차츰 풍류를 더하여 귀족들의 '곡수曲水의 연宴'으로 발전하게 되었다. 곡수의 연은 조정의 연중행사로 정착되어 한국과 일본에도 전해졌다. 한국·중국·일본 삼국 가운데서 오늘날까지 '곡수의 연' 유적이 남아 있는 곳은 단 한 곳뿐인데, 바로 경주의 포석정鮑石亭이다.

'곡수의 연' 풍속은 나라奈良 시대에 이미 일본에 전해졌다. 헤이안平安 시대에는 궁중의 청량전淸涼殿 안에 물이 굽이쳐 흐르도록 물길을 내고 공경公卿과 문인文人들이 모여 '곡수의 연'을 베풀었다.

히나마쓰리는 원래 인형을 강에 흘려보내는 행사였다. 그래서 지금도 지방에 따라 나가시비나流し雛라 하여 3월 3일과 4일에 히나 인형을 강이나 바다에 떠내려 보내는 행사를 하기도 한다.

3.2

여름

a. 단고노셋쿠

 5월의 대표적인 연중행사는 단오端午이다. 일본에서는 이날을 단고노셋쿠端午の節句라 하여 남자 어린이를 위하는 축제를 열었다. 3월 3일이 여자 아이를 위한 날이라면 5월 5일은 남자 아이를 위한 날이었던 셈이다.

 단오의 '端'은 처음이라는 뜻이다. 그러니까 단오는 그 달의 첫 '말'의 날, 즉 오일午日을 말한다. 이날은 천하에 남성적인 에너지, 즉 양기가 넘치는 날이라 하여 남성다움을 드러내는 날로 삼아왔다.

단오 풍습 역시 중국의 풍습에 뿌리를 두고 있는데, 6세기 중국의 양쯔 강 유역의 풍속을 기록한 『형초세시기荊楚歲時記』에 단오의 풍습이 자세히 기록되어 있다. 이 기록에 의하면 쑥으로 인형을 만들어 대문에 걸어 집안의 독기를 제거하고, 창포를 담근 술을 마시고, 오색실을 엮어 팔목에 감았다. 그러면 재액을 쫓고 잔병이 들지 않는다고 하여 단오 풍습이 널리 지켜졌다고 한다.

일본에도 단오 풍속이 전해졌다. 단오 날에는 쑥이나 창포를 몸에 지니거나 지붕에 얹어 두는 풍습이 있었다. 궁중에서도 창포를 지붕에 얹으면 건물의 화재를 예방할 수 있다고 믿었다. 현대의 단오 행사는 각 마을에 고이노보리鯉幟가 높이 게양되면 절정을 이룬다.

(1) 고이노보리

일본인들은 단오를 전후해서 집 마당에 높다란 장대를 세우고, 그 끝에 고이노보리를 장식하여 남자 어린이들의 건강과 입신출세를 기원하였다. 고이노보리는 헝겊으로 잉어 모양의 자루를 만들어 잉어가 둥그렇게 입을 벌리고 있도록 테를 두르고 꼬리 부분을 터놓아 입으로 들어간 바람이 몸체를 부풀리며 꼬리 부분으로 빠져나가도록 만든다. 몸체에는 여러 가지 색깔로 잉어 모양을 아름답게 채색하며, 여러 마리를 한 장대에 매달기 때문에 바람에 휘날리는 고이노보리는 장관을 이룬다.

고이노보리

  고이노보리는 에도 시대 무사 가문에서 현관 앞에 창이나 투구와 같은 무구, 가문을 상징하는 문양을 새긴 사각형 깃발 또는 원통형의 깃발을 세우던 풍습에서 유래한다. 그런 풍습이 서민들에게 전해졌는데, 무사들의 무구 대신에 잉어 모양의 깃발을 내걸었던 것이다.
  잉어는 거센 강물도 잘 거슬러 올라가기 때문에 입신출세의 상징물로 널리 알려져 있었다. 이런 뜻을 담아 잉어 깃발, 즉 고이노보리가 탄생하게 되었던 것이다. 처음에 고이노보리는 종이로 조그맣게 만들어졌으나 세월이 지나면서 재료가 종이에서 헝겊으로 바뀌었다. 크기도 커졌고, 종류도 다양해졌고, 만들기와 장식하는 방식도 정형화되기에 이르렀다.
  마당에 세우는 장대의 맨 끝에는 바람개비와 같은 장식물을 달고,

5월인형

그 밑에 마고이眞鯉라는 검정색 잉어를 달고, 또 그 밑에 히고이緋鯉라는 빨간색 잉어를 다는 것이 기본이다. 지방에 따라 노란색, 초록색, 파란색 등의 잉어를 달기도 한다.

점차 서민 계급이 성장하면서 야외에 고이노보리를 세우는 풍습이 생겨났다. 지금도 단오가 되면 각 마을 촌장의 마당에 높다란 장대를 세우고, 그 끝에 고이노보리를 장식한다. 5월의 맑은 하늘 아래 휘날리는 고이노보리는 일본의 독특하고 인상적인 풍경이다.

(2) 5월 인형

5월 인형五月人形은 남자 어린이들에게 남성다운 용맹과 기상을 북돋아 주기 위해 실내에 무사 인형을 장식하여 두는 풍습을 말한다. 5월 인형은 집안의 형편이나 취미에 따라서 성대하게 장식하기도 하고 소박하게 꾸미기도 한다.

5월 인형은 일본 역사나 전설 또는 연극에 등장하는 무사들이나 중국의 전설적인 영웅호걸들을 본떠 만든다. 계단식 장식대에 빨간색 비단을 깔고 나무나 종이로 정교하게 만든 무사 인형, 무기, 깃발, 부채, 북 등을 장식한다. 5월 인형 앞에서 남자 어린이를 둘러싸고 온 가족이 함께 창포 술과 떡을 바치며 복을 빈다. 친척과 친구들도 불러 음식을 나누어 먹고 그 앞에서 사진을 찍기도 한다.

b. 다나바타

한국에서 칠석七夕이라고 하는 다나바타는 7월 7일에 열리는 연중행사이다. 고대 일본에서는 신을 맞이하는 제사 때 물가에 베틀을 놓고 처녀가 앉아 신의 강림을 기다리며 하룻밤을 지내는 풍습이 있었다. 이 처녀를 다나바타쓰메棚機女 또는 오토타나바타乙棚織라고 했는데, 다나바타는 이 풍습에서 유래하였다는 설이 있다.

다나바타는 은하수를 사이에 두고 헤어져 있는 견우와 직녀가 1년에 한번 만난다는 이야기로 한국을 포함한 아시아 일대에 널리 퍼져있는 설화이다. 일본에서도 색종이로 장식을 만들거나 단자쿠短冊라는 길고 얇은 종이에 자신의 소원을 비는 문구를 써서 사사타케笹竹라는 가는 대나무에 매다는 풍습이 생기게 되었다. 칠석날 저녁 하루만 만날 수 있도록 허락된 견우와 직녀에게 소원을 들어달라고 기원하기 위해서였다.

지금도 7월 7일이 되면 상점이나 관광지 홍보를 위해 여러 지역의 상점가에서 화려한 행사를 개최하고 있다. 그 중에서도 센다이仙臺의 다나바타마쓰리七夕祭가 가장 유명하다.

(1) 다나바타와 선녀 이야기

다나바타는 쇼쿠조사이織女祭 또는 호시마쓰리星祭라고도 하며, 그 유래를 전하는 선녀이야기가 있다. 중국은 물론 한국과 일본에도 알려진 이야기는 선녀들이 산 속의 연못에서 목욕을 하고 있는 장면에서 시작된다.

나무꾼이 한 선녀의 날개옷을 감추자 그 선녀는 하늘나라로 돌아가지 못한다. 선녀는 나무꾼의 아내가 되어 아이를 낳고 살고 있었다. 그러나 어느 날 선녀는 날개옷을 찾아 입고 아이들을 데리고 하늘나라로 가버린다. 선녀는 떠날 때 나무꾼에게 박씨를 남겨 주었다. 나무꾼은 박씨를 심어 그 덩굴이 하늘까지 이르자 아내를 만나려고 덩굴을 타고 올라갔다.

하늘나라 상제는 나무꾼을 쉽게 받아들이지 않고 갖가지 어려운 문제를 내어 시험하였다. 나무꾼은 그 문제들을 아내인 선녀의 도움으로 풀었다. 그러나 박씨를 세로로 쪼개서는 안 된다는 금기禁忌를 어기고 말았다. 이때 박씨에서 흘러나오기 시작한 물이 홍수를 이루었고, 나무꾼도 물에 떠내려가고 말았다. 떠내려가는 나무꾼을 보며 아내는 7일, 7일마다 만나자고 했는데, 나무꾼은 7월 7일이라고 잘못 들었다. 선녀와 나무꾼은 서로 별이 되었고, 그 후로 일 년에 한 번씩 만나게 되었다는 이야기이다. 선녀와 나무꾼의 기다리고 기다리던 만남은 서로 눈물을 흘리지 않을 수 없게 하였고, 이 눈물이 비가 되어 내린다고 한다.

남자별은 견우성牽牛星, 여자별은 직녀성織女星이라 이름 했는데, 이 이름은 소를 모는 농부의 별이요, 베틀로 베를 짜는 여자라는 의미이다. 이 별들은 하늘의 강, 즉 은하수를 사이에 두고 떨어져 있다가 일 년에 한 번 가까이 다가가 엇갈리게 된다. 농부들은 견우성의 움직임을 보고 농사철을 가늠했고, 여자들은 직녀성을 보면서 양잠이나 재봉이 잘 되기를 빌었다.

(2) 센다이의 다나바타마쓰리

다나바타마쓰리는 에도 시대 초기 센다이의 영주였던 다테 마사무

다나바타마쓰리

네伊達政宗가 다나바타를 장려하면서 시작되었다고 한다. 오늘날과 같이 커다란 축제가 된 것은 1928년 상점가에서 불경기를 해소하기 위해 화려한 다나바타 장식으로 거리를 꾸미고, 산업박람회를 개최한 이후부터이다.

마쓰리 기간에는 대규모의 다나바타 장식물이 거리 곳곳에 꾸며진다. 공원과 야외 음악당에서는 다양한 공연이 낮부터 밤까지 계속되고, 저녁에는 거리에서 다나바타 춤 퍼레이드가 벌어진다. 마사무네의 사당인 즈이호덴瑞鳳殿에서는 화려한 등롱 이벤트가 열린다.

센다이의 다나바타 장식물은 7종류이다. 단자쿠短冊, 후키나가시吹き流し, 종이 옷, 종이 학, 천으로 만든 주머니, 투망, 쓰레기통이 그것이다. 단자쿠는 학문과 서예의 향상을 기원하는 의미가 있다. 후키나가시

는 여러 개의 긴 천을 고리에 매어서 바람에 나부끼게 한 장식물로 직녀의 베틀 실을 상징한다. 종이로 만든 옷은 질병과 재앙을 물리치는 것이고, 종이학은 장수를 의미하며, 천으로 만든 주머니는 부귀와 사업 번창을 기원하는 것이다. 투망은 풍어를 기원하고, 쓰레기통은 청결과 검약을 상징한다.

c. 오본

　오본お盆은 전통적으로 7월(지역에 따라서는 8월) 13~15일에 열리는 불교 행사이다. 원래는 우라본盂蘭盆이라고 하는데, 이것은 심한 고통을 의미하는 범어의 우라바타에서 온 말이다. 우라본은 석가의 십대 제자 중의 한 사람인 목련존자가 죽어서 아귀도에 떨어진 어머니를 구해낸 것에서 유래한다. 일본인들은 이날 불단 앞에 조상의 영혼을 맞이하는 쇼료다나精靈柵를 마련하고, 승려를 집으로 불러 불경을 읽게 한다.

　가정에서는 7월 13일 아침에 제단을 만들어 위패와 향, 꽃, 과일, 채소, 떡, 정화수 등 조상에게 바치는 공양물을 차려놓는다. 특히 오이나 가지에 나무젓가락을 꽂아서 만든 소나 말의 형상을 올려놓는데, 조상의 영혼이 이것을 타고 오라는 의미이다. 13일 저녁에는 대문 앞에 모닥불을 피워 조상의 영혼을 맞이하여 실내로 모신 후 제사를 지낸다. 14일에는 조상의 영혼을 집안에 모셔 두는데, 이때 승려를 불러 불경을 올리는 집안도 있다. 15일 밤에 조상의 영혼을 다시 저승으로 돌아가게 하는데, 이때 다시 대문 앞에 모닥불을 피워 영혼을 배웅한다. 지방에 따라서 모닥불을 피우는 대신, 선조의 영혼을 모형 배에 태워서 강물에 띄워 보내기도 한다.

오본 기간 중에 선조의 영혼을 즐겁게 하기 위해 마을 사람들이 함께 모여서 춤을 춘다. 이것을 본오도리盆踊り라고 한다. 본오도리는 남녀노소 누구나 참여할 수 있는 춤으로 유카타浴衣를 입은 사람들이 노래에 맞추어 밤늦도록 빙글빙글 돌며 춤을 춘다.

d. 오추겐

오추겐お中元은 오본 전에 친척이나 평소에 신세를 진 사람들에게 여름 안부와 더불어 선물을 보내는 풍습이다. 중국에서는 7월 15일을 중원中元이라 한다. 중원은 도교에서 인간을 속죄하는 날인데, 이날 하루 동안 불을 사용하는 것을 금하고 땅의 신에게 제사를 지내는 풍습이 있었다. 이런 풍습이 일본에 전해져 오본과 결합되어 조상을 공양하는 풍습이 되었고, 오늘날에는 선물을 보내는 행사가 되었다.

3.3

가을

일본에서는 8월을 하즈키葉月라고 한다. 나뭇잎이 단풍이 드는 계절이라는 뜻이다. 8월은 농사일을 하는 사람들에게 각별한 달이다.

8월 초하루 즉 팔삭八朔 날에 농부들이 일찍 여문 벼를 베어 단을 엮어 논의 주인과 신들에게 바치는 풍습이 있었다. 음력 8월 초라면 첫 수확을 올리지만 양력 8월 초에 수확을 올리기가 어렵다. 그래서 오늘날에는 그 지역 신사의 제사 날짜에 맞추어 8월 하순이나 9월에 호카케 의례를 거행하기도 한다.

'벼穗를 걸어 둔다懸'는 의미의 호카케 의례는 다발로 묶은 볏단을 신사의 난간에 걸어 놓는 것이다. 볏단을 집 안에 걸어 놓을 때는 화로 위에 주전자나 냄비를 걸기 위한 갈고리인 지자이카기自在鉤에 걸어 두기도 하고, 집안의 신주를 모셔 놓은 곳에 걸어 두기도 한다.

호카케는 농부들이 풍년을 신에게 감사하는 한편, 첫 수확을 영주나 지주에게 바침으로써 영주와 농민 또는 지주와 소작농의 관계를 확인하는 의미를 지닌 행사였다.

a. 오쓰키미

오쓰키미お月見는 음력 8월 15일과 9월 13일에 달을 감상하는 행사이다. 중국에서는 8월 15일을 중추절中秋節이라 하였다. 중국인들은 맑은 밤하늘에 밝게 떠오르는 달을 보면서 밤늦도록 명월을 노래한 유명한 시가를 읊조리거나 자신의 감흥을 시가로 지었다. 달밤의 여운을 한껏 즐겼던 풍류가 넘치는 자리였다. 명월을 즐기며 시가를 읊는 풍속이 일본에 전해졌다.

그러나 밝은 달을 보는 풍속은 예부터 농경의례로 행해지고 있었다. 일본에는 8월 보름에 토란·떡·콩 등을 제물로 차려 놓고 수확을 감사하며 달을 맞이하는 농경의례가 있었고 이 풍습은 오늘날에도 이어지고 있다. 제단에 공양하는 쓰키미 경단은 중추가 주고야十五夜라고 불리는 것에서 15개를 올려놓거나 1년이 12개월인 것에서 12개를 올린다. 그 형태는 만월과 같이 동그랗게 만든다.

b. 오히간

추분은 태양이 추분점에 도달하는 날이다. 양력으로는 대개 9월 23일이 추분이 되는데, 예전부터 선조의 제사를 지내는 기간인 오히간彼岸의 한 가운데 날이었

선조의 묘를 찾아가 성묘하는 하카마이리

다. 일본에서는 오히간을 공휴일로 정하여 선조들에게 감사하는 날로 삼는다.

오히간은 1년에 두 번 있는데, 봄의 춘분과 가을의 추분의 전후 3일씩을 가리킨다. 히간이란 불교 용어로 '죽은 자가 건너는 강 저쪽'을 의미하는데, 일본인들은 추분을 '선조를 공경하며 돌아가신 분들을 추모하는 날'이라고 생각하고 있다.

이 기간에 선조의 묘를 찾아가 성묘하는 하카마이리墓参り를 한다. 성묘할 때 묘비墓碑를 물로 씻고, 그 앞에 꽃을 꽂고, 향을 피우고, 고인이 평소 좋아하던 음식을 차려놓기도 한다. 집안에 있는 불단에 멥쌀과 찹쌀을 섞어 만든 떡인 오하기お萩를 올려놓기도 한다.

3.4

겨울

a. 시와스

　12월은 일년을 마무리하고 새해를 맞이할 준비를 하는 기간이다. 각 가정에서는 승려를 초빙해 독경을 하며 선조의 영을 위로하는 행사를 한다. 승려들이 이리저리 분주히 돌아다녀야 하는 달이라는 뜻에서 음력 12월을 시와스師走라 한다는 속설이 있다.
　12월 하순이 되면 각 가정에서 한 해를 마무리하고 새해를 맞이하기 위해 대청소를 하는데, 이를 스스하라이煤払い 또는 스스하키煤掃き라고 한다. 방안에 화덕을 설치하고 나무로 불을 피워서 난방도 하고

음식도 만들던 예전에는 집안에 검댕이 많았다. 집안의 기둥이나 천장, 문, 각종 세간과 화덕 주변의 검댕을 닦아 내는 대청소를 하는데, 특히 집안에 조상의 위패를 모시는 부쓰단仏壇과 여러 신의 위패를 모시는 가미다나神棚를 정성껏 청소한다.

검댕과 먼지를 털기 위해 대나무 끝에 새끼줄을 매어 기다란 빗자루 모양을 만들어 사용한다. 스스하라이가 끝나면 이것을 잘 보관했다가 신년의 대보름날에 불놀이할 때 태우며 복을 빈다. 스스하라이 때 사용하는 청소용 도구는 가미다나를 신성하게 하는 거룩한 제사 용품으로 여기기 때문이다.

b. 오미소카

일본인들이 오미소카大晦日라고 하는 섣달 그믐날 밤에 멀리 나가 있던 가족들이 집안에 모여 새해를 맞이하는 일을 '도시코시年越し'라고 한다. 집안 대청소도 하고, 정초에 먹을 음식을 준비한다. 섣달 그믐날 밤은 불을 밝히고 밤새 이야기를 나누며 즐기는 풍습이 있다.

저녁을 먹은 후 밤이 깊어지면 밤참으로 메밀국수를 먹는 풍습이 있는데, 이것을 도시코시소바年越しそば라고 한다. 이 날 먹는 메밀국수는 가늘고 길어서 장수의 의미를 지니며, 메밀국수는 잘 끊어지므로 액운과 빚을 청산한다는 의미도 내포되어 있다. 일본인들은 도시코시소

햐쿠하치노가네

바를 매우 중요하게 여긴다. "도시코시소바는 다른 집에서 먹지 말라."든지 "도시코시소바를 함께 먹지 못한 사람에게는 아무것도 기대할 수 없다."라든지 하는 속담이 전해질 정도로 일본인들은 도시코시소바를 함께 먹으며 가족 간의 연대감을 확인했던 것이다.

새해를 맞이하는 시간에 여러 사찰에서 범종을 108번씩 치는 풍습이 있다. '제야의 종' 또는 '햐쿠하치노카네百八の鐘'라고 하는 이 풍습은 중국의 송나라에서 시작되었다고 한다. 일본에서는 107번까지는 자정이 되기 전에 치고, 나머지 한 번은 신년이 되는 시각에 치는 풍습이 지켜지고 있다. 묵은 한 해 동안의 번뇌를 없애고 깨끗한 새해를 맞이하기 위함이다.

각 사찰에는 제야의 종소리를 직접 듣기 위해 많은 신도들이 모인다. 종을 치는 방법은 각 사찰마다 다소 다르기는 하지만, 신도들과 승려들이 모두 종 둘레에 모여 합장한 채로 엄숙하게 염불을 외우는 가운데, 젊은 승려들이 종을 치는 것이 일반적이다.

c. 오쇼가쓰

(1) 가도마쓰

한국의 설날은 일본어로는 오쇼가쓰라고 하며, 가장 중요하고 경사스러운 행사이다. 공식적으로 정월은 1월 1일부터 3일까지이고, 이때 모든 관공서와 대부분의 회사는 휴일이다.

신년에 일본의 거리에 나가 보면 정월 특유의 장식품이 눈에 띈다. 그 가운데 하나가 대나무나 소나무를 잘라서 정결한 새끼줄로 묶어 가정이나 상점 또는 빌딩의 문 앞에 세워 두는 '가도마쓰門松'이다. 원래 가도마쓰는 정월에 후손들을 찾아와서 복을 내려준다는 정월신正月神을 맞이하기 위한 의식용 장식물이었다. 가도마쓰는 정월신이 자기 집을 잘 찾아 올 수 있도록 하는 표식인 셈이다. 가도마쓰의 크기나 재료 또는 묶는 방법 등은 지방이나 집안에 따라서 각기 다르지만, 신년의 경사스러운 분위기를 자아내는 상징물이라는 점은 일치한다.

가도마쓰와 시메카자리

(2) 시메카자리

가도마쓰에는 대나무와 소나무에 시메나와注連繩라는 새끼줄을 묶기도 한다. 시메나와는 부정한 것의 침입이나 접근을 막기 위해서 두르는 줄로, 이 줄에 여러 장식을 한 것을 시메카자리注連飾り라고 한다. 시메카자리는 대문, 가미다나, 거실 등에 장식한다. 시메카자리는 그곳이 신을 맞이하는 신성한 장소라는 것을 알리는 표식이다. 현재 이러한 신년의 장식물은 신을 맞이하는 장식이라는 의미 외에 가정의 행복과 건강, 행운 등을 기원하기 위한 것으로 여겨지는 경우가 많다.

(3) 가가미모치

설날에 정월신에게 바치는 동그란 모양의 찹쌀떡을 가가미모치鏡餅라고 한다. 일본인들은 새로 빚은 떡을 신에게 바침으로써 새로운 힘을 얻게 된다고 믿었다. 나무 쟁반 위에 떡을 두세 개 겹쳐 올려놓는데, 떡 이외에도 새우나 곶감 또는 다시마 등을 곁들여 놓기도 한다. 제일 큰 가가미모치 쟁반은 가미다나神棚나 도코노마床の間에 둔다. 작은 쟁반을 몇 개 더 마련하여 현관, 부엌, 화장실 등에 두기도 한다. 정월 11일이 되면 가가미비라키鏡開き라 하여 그동안 신에게 제물을 바쳤던 가가미모치를 선반에서 내린다. 가가미모치는 가족들이 나누어 먹는다.

(4) 하쓰모데

섣달 그믐날 밤부터 설날 사이에 온 가족이 신사나 사찰에 참배하러 가는 것을 하쓰모데初詣라고 한다. 전날 밤부터 1월 1일 0시를 기해 참배하는 사람들이 많다. 이날은 전철이나 버스도 철야 운행한다.

하쓰모데를 할 때는 신에게 신년 인사를 올리고 자신의 소원을 빈다. 1월 1일에 참배하지 못한 사람은 7일까지 조상신이나 지역의 신에게 신년 인사를 올리고 소원을 빈다.

참배객들은 신사나 사찰에서 부적符籍이나 화살 또는 달마達磨 인형을 사다가 집안에 장식한다. 에마絵馬라는 작은 나무판에 소원이나 목

부적 판매소

표를 써서 매달기도 한다. 에마에는 여러 가지 그림이 그려져 있는데, 그 여백이나 뒷면에 기원의 내용이나 이름 등을 쓰게 되어 있다. 나라 시대의 『속일본기續日本紀』에 신마神馬를 봉납한다는 기록이 있다. 그러나 말은 비싸서 쉽게 바칠 수가 없었다. 그래서 점차 나무, 종이, 흙 등으로 만든 말 인형으로 대용하게 되었다. 이윽고 나무판에 말을 그려서 사용하게 되었는데, 그것을 '에마'라고 하게 되었다. 중세 이후에는 말 그림 이외에 다양한 그림이 그려졌다.

일본인들은 신사나 사찰에서 길흉을 점치는 '오미쿠지'를 뽑아 보기도 한다. 오미쿠지에는 대길大吉, 길吉, 중길中吉, 소길小吉, 흉凶 등의 운세의 개요가 쓰여 있고, 건강, 금전 운, 생활 등 자세한 운세가 설명되어 있다. 운세의 설명은 시가로 표현되어 있는 경우도 있다. 오미쿠지는 집으로 가져가기도 하지만 대부분은 경내의 나무에 묶어놓는다. 특히 '흉'을 뽑았을 때는 반드시 신사의 나무에 묶어 놓는다. 신사의 신이 나쁜 기운을 없애준다고 믿기 때문이다.

(5) 오세치 요리

명절에 먹는 요리, 특히 설에 먹는 요리를 오세치御節 요리라고 한다. 오세치 요리는 연말에 만들어 두었다가 설날부터 가족도 먹고 손님에게도 내놓는다. 냉장고가 없던 시대에는 며칠 동안 두고 먹을 수 있도록 보존이 잘 되는 음식을 만들었다. 하지만 오늘날에는 음식의 내용이나 만드는 방식이 이전과 많이 달라졌다. 오세치 요리는 설에 손님이

오세치 요리

오면 곧 내놓을 수 있도록 찬합에 담아 두기 때문에 찬합이라는 의미의 '주바코즈메重箱詰め 요리' 또는 '오주즈메お重詰め'라고도 한다.

오세치 요리에는 몇 가지 공통점이 있다. 요리 재료는 무·당근·우엉·두부·다시마 등이다. 이것을 어패류와 함께 양념을 넣고 삶아서 만든다. 조미료와 삶는 방법에 따라서 특색 있는 맛을 낼 수 있다. 이 밖에도 어묵·콩자반·다시마 졸임·생선 졸임 등이 있다. 요즈음에는 햄, 베이컨, 소시지, 프라이드치킨 등 서양식 음식, 만두, 돼지고기 구이 등 중국식 음식을 마련하기도 한다.

특히 흥미로운 메뉴로 다시마가 많이 쓰인다. 일본어로 다시마를 고부こぶ라고 한다. 고부는 '경사스럽다' 또는 '즐겁다'라는 의미의 '요로코부よろこぶ'의 '고부'와 발음이 같기 때문에 다시마는 경사스러움을 더해 준다는 상징적인 의미로 여겨진다.

쇼가쓰에 마시는 축하주인 오도소는 '도소산'이라는 중국 전래의 탕약을 일본 술에 담근 것으로 이를 마시면 나쁜 기운을 물리치고 건강하게 지낸다고 한다.

(6) 오조니

오조니お雜煮는 일본식 떡국이다. 채소, 버섯, 고기 등을 넣어 끓인 맑은 장국에 구운 찹쌀떡을 넣은 것으로 신년을 축하하는 대표적인 요리이다. 각 지방마다 특색 있는 떡국이 많은데, 크게 도쿄東京를 중심으

로 하는 관동식關東式과 교토京都를 중심으로 하는 관서식關西式으로 나눌 수 있다. 관동식은 네모난 찹쌀떡을 사용하고 국물 재료로 주로 간장을 사용한다. 이에 비하여 관서식은 둥근 떡을 사용하고 국물은 된장을 비롯하여 많은 재료를 사용한다. 떡을 먹는 것은 쌀의 신이 깃든 음식을 먹음으로써 신비한 힘을 얻을 수 있다는 믿음에서 출발한다. 일본인들은 신에게 공양하는 떡이 복을 부르고 삶을 윤택하게 한다고 믿었다.

(7) 오토시다마와 연하장

신년을 축하하기 위해서 주는 물건을 오토시다마お年玉라고 한다. 현재에는 아이들에게 신년에 주는 세뱃돈의 의미로 사용되는 경우가 많지만 과자와 같은 먹을 것을 주기도 한다. 원래 오토시다마는 신에게 공양했던 떡을 의미하였는데, 흰색 종이에 싸서 신에게 바치는 물건도, 바친 것을 서로 나누는 물건도 모두 오토시다마라고 하였다. 따라서 원래는 돈이 아니라 쌀, 다시마, 작은 떡 등을 가리켰다.

신년에는 평소에 신세를 진 사람들, 은사, 친지, 동료 등에게 서면으로 감사의 마음을 전하는 연하장을 보낸다. 연하장은 보통 엽서 형식으로 보낸다. 내용은 자필로 쓰는 것이 예의이다. 인쇄물인 경우에도 최소한 자기 이름은 자필로 쓴다.

연하장이 1월 1일에 상대방에게 전달되게 하려면 반드시 정해진

연하장

기간(보통 12월 15일에서 25일)에 연하장 전용 우체통에 넣든지 우체국으로 가서 부쳐야 한다. 연하장을 보내지 않았는데 상대로부터 연하장을 받았다면 바로 답장을 하는 것이 예의이다.

(8) 오세이보

오세이보お歳暮는 원래 신년에 도시카미年神에게 바치는 공물을 세밑에 본가나 친정에 가지고 가는 행사였다. 이러한 관습 역시 에도江戸시대부터 서민들 사이에 퍼지기 시작하였다. 선물로 보내는 것은 식료품이 많은데, 일반적으로 해산물이나 육류 등 산지에서 직접 발송되는

식품도 많이 보낸다. 받는 사람이 부담을 느끼지 않을 정도의 가격대의 선물이 무난하다. 직접 선물을 전하지 않는 경우에는 백화점 등에서 직접 보내는 물건에 서신을 동봉한다. 선물만 보냈을 경우에는 별도로 편지를 보내기도 한다.

제4장
일본인의
일생

인간은 태어나서 죽을 때까지 각종 의례를 치르게 된다. 탄생을 축하하는 것을 시작으로 성인이 되면 성인식과 결혼식을 거행하고, 나이가 들면 회갑·고희·미수 등의 축하를 받고, 죽으면 장례를 치른다. 한국에서는 관혼상제라 하여 관례冠禮·혼례婚禮·장례葬禮·제례祭禮 등의 의례를 말한다. 일본에서는 이것을 인생의례人生儀禮 또는 통과의례通過儀禮라고 한다.

4.1

출생

　일본에서는 대개 임신 5개월째에 접어들면 임부에게 복대腹帯를 두르게 한다. 오비이와이帯祝い라는 임신 축하행사에는 산파가 복대를 둘러주거나, 중매쟁이와 가까운 친척들을 불러 음식을 대접하기도 한다. 오비이와이는 주변 사람들에게 새로운 영혼이 임부의 태내에 깃들였음을 알림으로써 태아의 생존권을 승인받는 행사이다.

　출산을 하면 헤소노오臍の緒, 즉 탯줄을 끊게 된다. 일주일 정도 지나면 헤소노오가 떨어지는데, 이를 솜이나 창호지에 싸서 생년월일을 적어 잘 보관해 두었다가 본인이 죽을 때 관 속에 넣어준다. 예전에는 탯줄이 아이의 출생을 증명하는 것이었다.

갓난아이가 생후 3일째를 맞이하는 밋카이와이三日祝い, 7일째를 맞이하는 시치야七夜가 지나면 우부기産着라는 옷을 처음으로 입힌다. 우부기를 입히기 전에는 산부의 치맛단이나 광목 등으로 갓난아이를 감쌌다.

4.2

성장

a. 오시치야

　오시치야お七夜가 되면 이름을 짓는다. 옛날에는 아이의 외조부가 이름을 짓는 경우가 많았다. 하지만 요즈음에는 부모가 존경하는 사람에게 작명을 부탁하거나 부모가 직접 이름을 짓는 경우가 많아졌다. 옛날에는 좋은 의미의 글자를 선택했지만 요즈음에는 부르기 쉬운 이름을 선호하는 경향이 있다. 오시치야에는 태어난 아이의 이름과 생년월일을 붓으로 써서 집안의 가미다나神棚 또는 도코노마床の間에 붙인다.

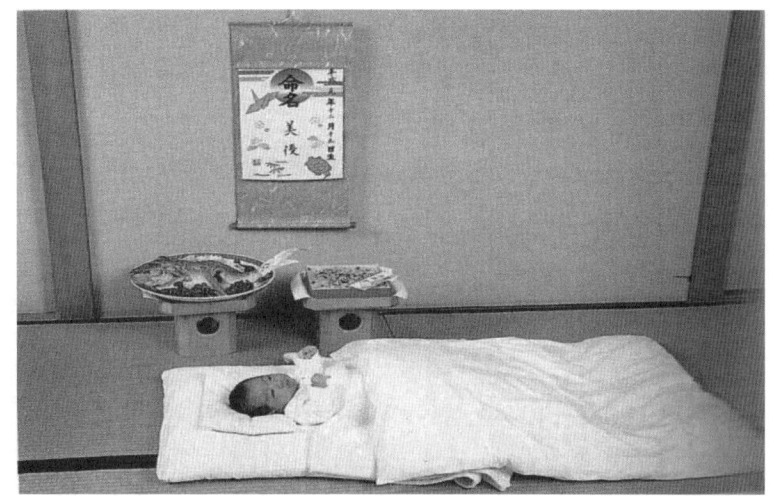
오시치야

b. 오쿠이조메

아이가 태어나 100일 내지 200일이 되면 스스로 목을 가눌 수 있게 된다. 오쿠이조메는 이무렵 처음으로 음식을 먹이고 생존을 축하하는 의례이다. 그러나 실제로는 아이가 밥을 먹을 수 없기 때문에 어른들이 음식을 아이에게 먹이는 시늉만 한다. 일반적으로 상위에 밥공기, 생선, 젓가락, 그리고 돌멩이를 차려놓고 아이를 그 앞에 앉힌다. 돌멩이는 아이의 이가 튼튼해지기를 바라는 의미이다. 오쿠이조메 행사 때는 친지 가운데 제일 연장자에게 부탁해 양부모 역할을 하게 한다.

아이가 남자라면 할아버지에게 부탁하고, 여자라면 할머니에게 부탁한다.

c. 오미야마이리

　아이가 태어나서 처음으로 신사에 참배하는 행사를 오미야마이리 お宮参り라고 한다. 이 행사 때 아이의 이마에 '犬' 또는 ×표시를 하여 건강을 기원하는 풍습이 있다. 오미야마이리는 남자아이가 태어나서 31일 째, 여자아이는 태어나서 32일 째 하는 것이 보통이다. 오미야마이리에는 친할머니가 아이를 안고 간다. 외가에서 축하의 옷을 보낸다. 예전에는 오미야마이리를 한 후 친척집을 방문하였다. 아이가 방문한 집에서는 종이나 흙으로 만든 개 모양의 장식용 장난감인 이누하리코 犬張子를 선물하였다. 이누하리코는

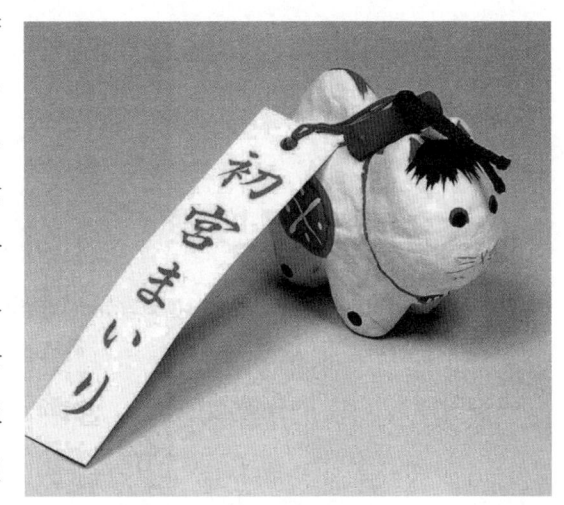

이누하리코

아이의 침상에 두어 대신에 병이나 재난을 짊어지게 하기 위한 것이었지만 오늘날에는 장식품으로 이용되고 있다.

d. 시치고산

11월 15일 전후에 열리는 시치고산七五三은 어린이들의 성장을 축하하는 연중행사이다. 시치고산이란 어린이의 나이가 3살, 5살, 7살이 되는 해에 나이에 맞추어 하는 행사라 하여 붙은 명칭이다. 시치고산은 원래 무사나 귀족이 행하던 습속이 에도 시대 서민들에게 확산된 것이다.

3살이 된 남녀 어린이에게는 가미오키髮置를 하고, 5살이 된 남자 어린이에게는 하카마기袴着를 하고, 7살이 된 남녀 어린이는 신사에 참배하게 한다. 성장기의 중요한 단계를 맞이하여 신사에 참배함으로써 아이의 성장을 기원했던 것이다.

일본의 어린이는 3살 되는 해까지 단발머리로 지내다가 3살이 되는 해부터 머리를 길러서 묶기 시작하는데, 가미오키는 머리카락을 자르지 않고 기르기 시작한다는 뜻이다. 오늘날에는 실제로 이와 같이 하지 않지만 명칭만은 그대로 남아 있어서 3살 때의 시치고산 행사를 가미오키라고 한다.

하카마기란 무사들이 의례를 행할 때 입는 바지인 하카마袴를 입힌

시치고산

다는 뜻이다. 5살 된 남자 어린이에게 하카마를 입혀서 바둑판 위에 세워 놓고 사내답게 자라기를 빌었다. 이날 친지를 불러 잔치를 여는 집안도 있다.

   7살이 되는 해의 행사는 어린이가 유년기에 치루는 마지막 행사로서 중요한 의미를 지닌다. 일본에서는 '7살까지는 신의 어린이'라 하여 유년기의 성장 과정은 신의 손에 맡겼다. 7살은 유년기를 벗어나서 소년·소녀기로 들어가는 시기라 하여 중요시되었다. 7살이 되는 해에 신사에 가서 조상신들에게 어린이가 비로소 한 사람으로서 자격을 갖추었음을 고했던 것이다. 여자 어린이는 이날 오비토키帶解를 한다. 7살이 되기 전까지는 간단한 끈으로 허리띠를 매었으나 이후로는 오비

帶, 즉 헝겊으로 만든 허리띠를 매었다.

시치고산을 맞이한 집안의 어른들은 명절 옷을 입고, 어린이에게도 명절 옷인 하레기晴れ着를 입힌다. 부모들은 어린이에게 지토세아메千歲飴를 사 준다. 지토세아메는 빨간색과 흰색의 가늘고 긴 사탕으로 장수를 기원하는 의미가 깃들어 있다. 사탕은 '수壽'자와 장수의 동물인 학과 거북의 그림이 그려진 봉투에 담겨져 있고 사탕 안에 수의 글자나 여러 모양을 새겨 넣은 것도 있다.

e. 성인식

일본에서는 매년 1월 15일을 성인의 날이라 해서 만 20세가 된 청소년들의 성인식을 열었으나 2000년부터 1월 두 번째 월요일로 변경되었다. 1948년에 시작된 성인식은 공휴일로 지정되어 있다. 성인식의 복장은 정해져 있지 않지만 대개 남자는 양복을 입고, 여자는 기모노를 입는다.

고대 이래 지역·계층·성별에 따라 12세에서 18세 정도의 연령이 되면 성인식이 행해졌고, 귀족이나 무사의 남성들의 성인식을 겐푸쿠元服라고 불렀다. 성인이 된 사람은 귀족의 경우 관冠을 쓰고 무사의 경우는 에보시烏帽子를 처음으로 쓰는 의식을 행하였다. 에도 시대 무사의 성인식은 이마 언저리의 머리카락을 미는 의식이 일반화되었고,

성인식

어렸을 때 이름을 정식 이름으로 바꾸어 불렀다. 여자는 성인식에서 고시마키腰巻라는 천을 하반신에 두르고, 오하구로お歯黒라 하여 치아를 검게 물들이기도 하였다.

4.3

결혼

a. 약혼식

일본에서 약혼할 때 주고받는 예물을 유이노結納라고 한다. 유이노 의식은 결혼 3~6개월 전에 이루어진다. 유이노는 신랑·신부 양측이 돈이나 직물, 술과 안주 등을 교환하는 것을 말한다. 혼인이 결정되면 남자 집에서 여자 집으로 유이노를 보내는 관습은 한국과 비슷하다. 신랑 측이 여러 가지 상징성을 띤 물건과 돈을 신부 측에게 보내면 신부 측이 답례를 한다.

약혼 예물 교환은 지역에 따라 다른데, 관동 지방에서는 남녀 쌍방이 주고받는 교환형交換型, 관서 지방에서는 신랑 측에서 신부 측에 주는 납폐형結納型이 주를 이룬다. 근래에는 양가가 한자리에 모여 예물을 주고받는 경우가 대부분이다. 주고받는 물품의 명칭은 일본 각 지역의 풍습에 따라서 조금씩 다르나 기본 형식은 같다. 기본 9가지 품목은 대개 다음과 같다.

① 목록 – 예물의 품명이나 수를 기입한 목록
② 나가노시長熨斗 – 불로장생을 상징하는 전복포
③ 긴포金包 – 예물을 살 돈을 싼 주머니. 예물을 사는 돈은 원래 준비금의 의미로 신랑 측이 신부 측에 주는 것에서 시작되었다. 금액은 신랑 월수입의 3~5배 정도가 일반적이다. 약혼반지를 주는 경우는 그 액수에서 반지 값을 뺀 액수를 주는 경우도 있다. 신부 측에서는 신랑 측의 반액 내지 20~30퍼센트를 신랑 측에 돌려주는 것이 일반적이다.
④ 도모시라가友白髮 – 백년해로를 의미하는 흰 마사.
⑤ 스에히로末廣 – 흰색 부채인데, 부채 살이 넓게 퍼지는 것처럼 가정의 번영과 행복을 기원하는 염원을 담은 예물, 그 위에는 거북이를 장식한다.
⑥ 가쓰오부시鰹節–가다랭이포. 장기간 보존 가능하므로 '만일의 경우를 준비한다'는 의미를 가진다. 또한 강한 남자의 상징이기도 하다.
⑦ 스루메壽留女–말린 오징어. 씹으면 씹을수록 맛을 내며 오래되

어도 변치 않는 말린 오징어처럼 좋은 부부, 변치 않는 부부가 되기를 기원하는 의미를 담은 예물이다.

⑧ 곤부昆布 – 말린 다시마, 자식을 잘 낳기를 기원하는 마음을 담은 예물이다.

⑨ 야나기다루家內 喜多留 –경사에 쓰이는 붉은 옻칠을 한 술통이지만, 실제로는 청주 또는 술과 안주 값으로 현금을 싸기도 한다. 이상과 같이 9품목이 정식이지만 7품목, 5품목, 3품목으로 줄여서 간략화하기도 한다.

유이노

9가지 품목을 다 준비하려면 돈이 많이 들기 때문에 흔히 3품목만 넣어서 약식으로 하는 경우도 있다. 이런 경우는 유이노킨, 노시, 스에히로만 들어간다. 준비된 예물은 길일吉日을 택하여 오전 중에 중매인이 신랑 집에서 신부 집으로 가져간다.

b. 결혼식

1950년대까지 결혼식은 도시에서도 자택에서 혼례를 치루는 일이 일반적이었고, 호텔에서 피로연을 하는 경우는 특별한 계층에 한정되었다. 1960년대 이후 베이비붐을 타고 태어난 세대가 혼인 적령기가 되면서 결혼식장이 늘어났다. 결혼의 형식으로 신도식 결혼, 불교식 결혼, 기독교식 결혼 등이 있다.

요즈음 젊은이들은 특별한 결혼식을 원하는 경우가 많다. 해외로 나가서 타민족의 전통 혼례나 이벤트화된 프로그램에 따라 결혼식을 올리는 경우도 많다. 한국식으로 야외 촬영을 한다거나 외국 교회에서 기독교식 결혼을 올리는 경우도 있다.

(1) 신도식

3·3·9회 헌배의 예로서 세 개의 잔으로 세 번씩 도합 술 아홉 잔을 마시고 부부가 될 것을 약속한다. 신부는 '쓰노가쿠시角隱し'라는 전통 복장을 한다. 이것은 '질투의 뿔'을 억제하거나 감춘다는 의미로 커다란 수건을 쓴 모양의 전통 의상이다. 옷의 색깔은 다양하지만 순수하다는 뜻으로 흰색을 입는 것이 원칙이다. 신랑은 일반 정장과 같은 하오리와 하카마를 입는다.

신도식 결혼식은 메이지明治 시대에 신사의 신관들이 행하던 결혼

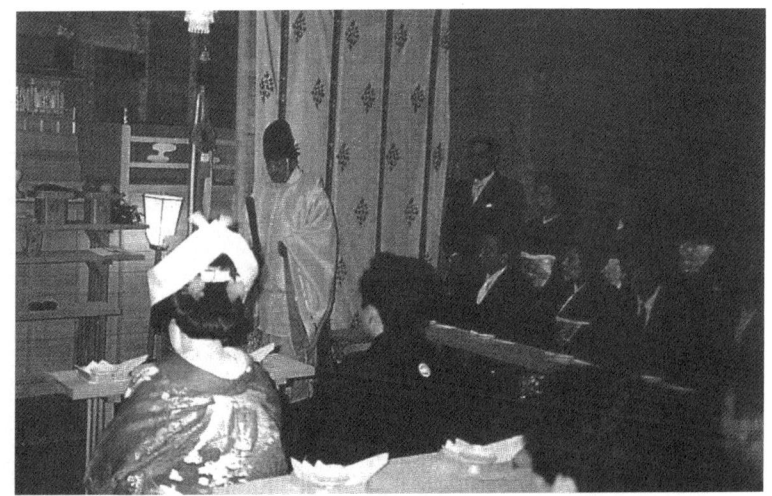
신도식 결혼

식이었으나 1900년 5월 궁중에서 황태자의 결혼식을 신도식으로 올린 후 서민에게 보급되었다. 신도식 결혼은 일본에서 가장 일반적으로 행해진다. 결혼식에는 가족과 가까운 친척만 초대한다.

(2) 불교식

불교식 결혼은 사찰 또는 호텔이나 결혼식장에 마련된 불전에서 식을 올린다. 승려를 집으로 초대하여 식을 올리기도 한다. 결혼식 전후에 불단이나 선조의 묘에 참배하는 것이 원칙이다. 오늘날의 불교식 결혼은 신도식 결혼과 마찬가지로 합환주 의식을 행한다. 단 승려 자신이 결혼하는 경우는 집에 돌아가서 합환주 의식을 행한다.

(3) 기독교식

기독교식 결혼식은 교회에서 올린다. 신랑 신부 모두 기독교 신자가 아닌 경우에도 기독교식 결혼을 할 수 있다. 중매인 부부가 시중을 든다. 단 중매인이 기독교 신자가 아닌 경우에는 신자로 증인을 세우고 중매인은 피로연 때만 그 역할을 수행한다. 기독교식 결혼의 특징은 결혼식 자리에서 신랑 신부와 입회인이 직접 결혼신고서에 날인하고 그 문서를 하객에게 보여준다는 점이다. 하객 전원이 증인이 되는 셈이다. 결혼이 성립되면 건배를 하며 경우에 따라서는 그 자리가 피로연이 되기도 한다.

c. 피로연

일본에서는 예식보다 피로연이 더 중요한 것으로 인식되고 있다. 피로연에는 초대장을 받은 사람만 참석할 수 있다. 하객은 자기 이름이 적혀있는 테이블에 앉으면 된다. 피로연 순서는 다음과 같다.

(1) 초대 손님 입장 (2) 신랑 신부 입장 (3) 시작의 말 (4) 중매인 인사 (5) 주빈 축사 (6) 웨딩케이크 커팅 (7) 건배 (8) 식사 및 환담 (9) 내빈 축사 (10) 여흥 (11) 캔들 서비스 (12) 양가 부모에게 꽃다발 증정 (13) 가족 대표의 감사 인사 (14) 마침의 말 (15) 초청 인사 퇴장

신부는 피로연에서 몇 번씩 옷을 갈아입는다. 이것은 결혼을 하여 시집이라는 새로운 공간에 안착한다는 의미가 있다. 피로연 후에는 초대 손님에게 제공하는 답례품이 있는데 이를 히키데모노引出物라 한다. 히키데모노는 미리 객석에 놓거나 피로연이 끝난 다음에 출구에서 나누어주기도 한다.

4.4 야쿠도시

일본인들은 사람이 살아가는 동안에 재난을 많이 당하는 나이가 있다고 믿고 있다. 그 나이를 야쿠도시厄年라 한다. 야쿠도시가 되면 1년 동안 근신하며 지낸다. 남자는 25세, 42세, 61세, 여자는 19세, 33세, 37세가 야쿠도시에 해당한다. 야쿠도시 중에도 33세와 42세가 되는 해를 다이야쿠大厄라 하여 특히 조심해야 하고, 재액을 물리치기 위한 의례를 행한다. 일본인은 다이야쿠의 전 해인 마에야쿠前厄와 다음 해인 아토야쿠後厄에는 야쿠도시 다음으로 조심해야 하는 해라고 믿고 있다. 야쿠도시는 오늘날에도 민간신앙의 하나로 자리 잡고 있다.

야쿠도시에는 재액을 물리치기 위하여 정초에 사찰이나 신사에 참

야쿠바라이

배하기도 하고, 세쓰분에 마메마키 행사에 참석해 자신의 나이만큼 콩을 받아오기도 한다. 재액을 물리치는 의례를 야쿠바라이厄払い 또는 야쿠요케厄除け라 한다. 야쿠도시에 해당하는 사람들은 신관의 주재 하에 진행되는 의례에 참가한다. 신관은 신에게 당사자의 가호를 빌면서 머리 위에 신목神木을 흔들어 재액을 물리치는 의식을 행한다.

4.5

도시이와이

도시이와이年祝い란 일정한 나이가 되면 축하하는 행사를 말한다. 시치고산, 성인식 등도 도시이와이의 일종이라고 할 수 있으나, 가장 큰 행사는 60세가 된 것을 축하하는 간레키還曆 행사이다. 간레키를 맞이한 집에서는 음식을 장만하여 손님을 대접하고 손님은 당사자에게 선물을 하였다. 간레키는 우리나라의 환갑에 해당한다.

70세가 된 해의 도시이와이를 고키古稀라 한다. 새 옷이나 방석을 선물하며 축하연을 베푸는 것이 일반적이다. 지팡이를 선물하기도 한다. 77세는 기주喜壽라 하여 축하한다. 중세부터 기주를 축하하는 잔치를 여는 풍습이 있었다. 88세를 베이주米壽라 하여 장수를 축하한다.

근래에는 수명이 연장됨에 따라 90세를 축하하는 소쓰주卒壽, 99세를 축하하는 하쿠주白壽, 100세를 축하하는 햐쿠이와이百祝い, 108세를 축하하는 자주茶壽가 있다.

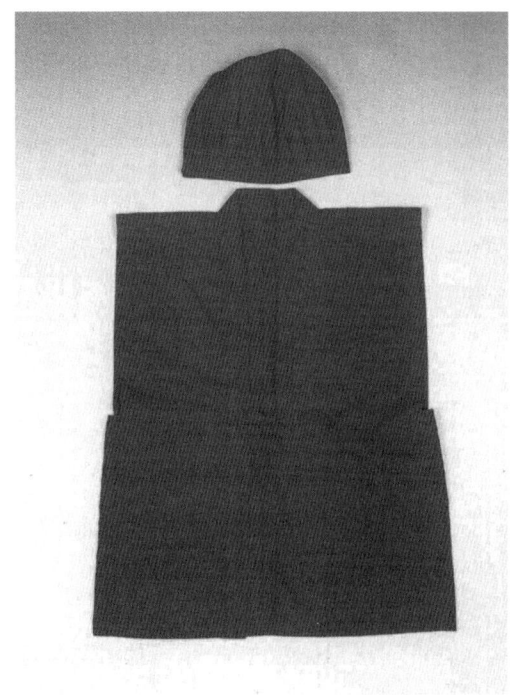

환갑 때 입는 붉은 두건과 조끼

4.6

장례식

일본에서는 본인의 종교와 관계없이 장례식은 불교식으로 치러지는 경우가 많다. 다른 종교 의식으로 장례식을 치르더라도 대부분 화장을 한다.

사람이 죽으면 유해를 따뜻한 물로 씻는다. 이것을 유칸湯灌이라고 한다. 가족들이 흰색의 수의나 생전에 좋아했던 옷을 입힌다. 최근에는 장례식의 전 과정을 장의업자에게 맡기는 경우가 많아졌다. 유해는 머리가 북쪽을 향하게 하고 베개 없이 눕힌 다음 흰 천으로 덮는다. 그러면 승려가 경을 읽고 고인에게 사후의 불교식 이름인 계명을 부여한다. 유해는 칠이 되지 않은 목관에 안치된다.

장례 기간에는 기추忌中라는 글씨를 써서 대문에 붙인다. 장례식 전날 밤에 오쓰야お通夜 행사가 있다. 오쓰야는 가까운 친척이나 친지들이 고인의 명복을 빌고 하룻밤을 지내는 것이다. 처음 오쓰야에는 가까운 친척들만 참석했으나 근년에는 일반인들도 함께 참여하고 있고, 조문객은 보통 저녁 6시에서 8시 사이에 2시간 정도만 받는다.

오쓰야나 장례식에 참가할 때는 남성은 검은 양복에 검은 넥타이를 매고, 여성의 경우는 검은색 정장을 한다. 손가방이나 구두도 모두 검은 것으로 통일한다. 액세서리는 하지 않는 것이 원칙이나 단, 진주목걸이를 하는 것은 허용된다.

오쓰야 다음 날 장례식을 치르면 고인의 유체는 화장장으로 운반된다. 대부분의 영구차는 대형 외국차를 개조한 것으로 호화스러운 것이 많다. 화장 후 유골을 항아리에 수습하여 일단 집으로 돌아온다. 그리고 다음 날 사찰 경내에 있는 가족 묘지나 공동묘지에 안장한다. 묘지가 정식으로 정해지지 않았을 경우나 멀어서 바로 갈 수 없는 경우에는 일단 사찰의 납골당에 맡겨 두었다가 후일 매장하는 경우도 있다. 49제까지 집안의 불단에 안치하는 경우도 있다.

가족은 조문객에게 부의금의 약 반액에 상당하는 물품을 보내어 감사를 표한다. 이것을 고덴가에시香典返し라고 한다. 유족들의 마음이 안정되면 고인이 사용하던 물건을 서로 나누어 갖는데 이것을 가타미와케形見分け라 한다. 나누어 갖는 사람은 형제, 자매, 자녀, 손자, 조카 등이고 친하게 지내던 친구나 친지에게 주기도 한다. 유품은 고인의 분신이라 여기며 소중히 간직한다.

제5장

의복 문화

5.1 기모노의 유래

　전통적인 일본 옷을 기모노着物라고 한다. 일본 고유의 옷을 와후쿠和服라고 하기도 한다. 일본인들은 일상생활에서 보통 양복을 입지만, 정장으로 때로는 실내복으로 현재도 와후쿠를 입고 있다.

　헤이안平安 시대에 와후쿠가 발달하였다. 여성 귀족의 주니히토에十二単와 같은 화려한 정장이나 고우치기小うちぎ와 같은 약식 정장을 입었다. 남성 귀족의 예복인 소쿠타이束帯는 천황 및 문무백관이 정무를 볼 때, 의식을 거행할 때 입던 정장이다.

　가마쿠라鎌倉 시대에는 무사들도 비단옷을 입게 되었다. 고관은 소쿠타이束帯를 입었지만 평상복으로 가리기누狩衣를 입었다. 가마쿠라 시대 초기 여성의 정장은 소맷부리가 넓고 길이가 긴 옷인 우치기袿에 하카마袴였지만, 나중에는 고소데小袖를 하카마와 함께 입게 되었다. 고소데는 소맷부리를 좁게 꿰맨 옷으로 귀족들이 입었던 흰색 속옷이고 하카마는 길이가 긴 하의를 말한다. 무로마치室町 시대에는 정장으로 고소데 위에 우치카케打掛를 걸쳐 입었다. 이 옷차림은 현대 신부 의상의 일부가 되었다.

현대 기모노의 대부분이 에도 시대에 형식을 갖추게 되었다. 남녀 모두의 기본 의복이 된 고소데는 염색이 발달하면서 점점 더 화려해졌다. 남성은 고소데 위에 목에서 일직선으로 옷깃이 붙은 풍성한 하오리羽織를 입는 경우가 많았다. 에도 시대 말기 도쿠가와 막부는 무사의 복제를 새로 정했는데, 고소데와 길이가 복사뼈까지 내려오는 하카마袴와 하오리가 표준이 되었다.

메이지 유신 이후에 일본인의 의복이 서양화되면서 기모노도 서구적인 색깔을 사용하거나 무늬를 넣은 것이 출현했다. 이때부터 오비는 폭 30센티미터, 길이 약 4미터인 지금과 같은 크기로 정착되었다. 메이지 시대의 정장으로 여성들은 검은 치리멘(縮緬 : 오글쪼글한 비단)이나 검은 하부타에(羽二重 : 견직물의 일종으로 얇고 부드러우며 윤이 나는 순백색 비단)의 검은 도메소데(留袖 : 예복으로 소매 길이는 보통이며 무늬와 문장이 달려 있음)를, 남성들은 검은 문양의 하오리와 하카마를 입었다. 다이쇼大正 시대 기모노는 화려한 하오리가 유행하였다. 쇼와昭和 시대 이후 기모노는 평상시에는 잘 입지 않고 결혼식이나 피로연, 성인식, 대학 졸업식, 장례식 등 특별한 날에 주로 입게 되었다.

기모노의 특징

기모노는 입는 목적에 따라서 옷감의 종류, 모양, 색상, 착용법 등이 다르며, 기혼 여성과 미혼 여성, 중요한 자리인지 가벼운 외출인지에 따라서도 옷 모양이 달라진다.

기모노를 펼쳐 놓으면 완전 직선형 평면이 된다. 옷에 단추나 고름이 달려 있지 않기 때문에 겨드랑이가 트인 점도 양복이나 한복과는 다른 점이다.

기모노를 입는 방법은 고름이나 단추 없이 옷을 입고 왼쪽 옷자락으로 오른쪽 옷자락을 덮고 허리띠를 두른다. 기모노는 치마폭이 매우 좁기 때문에 조심스럽게 걸어야 하고, 바닥에 앉을 때는 무릎을 꿇고 앉는다. 기모노는 누가 입어도 될 정도로 품이 넓게 만들어져 있다. 즉 기모노는 신체 조건에 관계없이 재단 방법이나 크기가 거의 일정하므로 대대로 물려 입을 수 있다.

기모노에 새기는 문양에는 의미가 담겨 있다. 때로는 가문家紋을 새기기도 한다. 가문 이외에 기모노에 새기는 문양은 구상具象과 추상의 두 가지로 나눌 수 있다. 구상 문양은 동식물, 도구와 기구 등을 문양으로 표현한 것이다. 추상 문양은 원이나 삼각형, 사각형 등 기하학적인 모양을 사용한 것이 많다. 대표적인 것으로 삼나무 잎을 닮

기모노를 입은 여성

기모노의 문양

았다고 해서 이름 붙여진 아사노하麻の葉, 대나무를 세로로 엮은 듯한 모양인 아지로網代, 파도 모양의 세이가이하靑海波 등이 있다.

기모노를 입을 때
에는 먼저 버선을 신
고, 그 다음 속옷과
나가주반(長襦袢 : 일본
옷의 겉옷과 같은 기장의
속옷)을 다테마키(建
達卷 : 일본 옷에서 부인용
큰 띠 밑에 매는 좁은 띠)
로 단단하게 묶는다.
나가주반에는 옷깃
을 단다. 옷깃은 흰색
이 일반적이며 위에
입는 기모노 옷깃보

교토 기온 거리의 게이샤

다 2센티미터 정도 보이도록 한다. 기모노는 왼쪽 깃이 위로 오도록 입
고, 장례식 등의 흉사에는 오른쪽 옷깃이 위로 오게 입는다.

5.3

기모노의 종류

a. 후리소데

후리소데振袖는 자수나 염색을 한 화려한 무늬와 소매가 무릎 아래까지 늘어진 것이 특징이다. 미혼 여성들이 신년, 성인식, 졸업식, 사은회, 결혼식, 파티 등 여러 장소에서 입는 예복이다. 후리소데의 무늬는 송죽매, 학과 거북이 등을 조합한 고전적인 길상 문양부터 현대적인 추상화풍의 문양까지 다양하다. 후리소데는 옷 전체에 무늬가 연결되어 한 폭의 그림처럼 보이는 에바하오리絵羽はおり기법으로 제작된다.

b. 도메소데

기혼 여성이 입는 예복으로 후리소데 보다 소매 폭이 좁아 소매가 허리까지 내려오는 것이 특징이다. 결혼식, 피로연 등 공식적인 자리에 나갈 때 입는다. 도메소데留袖의 종류로는 검은 바탕에 좌우의 옷자락에만 무늬가 들어간 구로도메소데黑留袖와 분홍, 파랑 등 갖가지 색에 무늬를 넣은 이로도메소데色留袖가 있다. 구로도메소데는 결혼식 때 양가 부모나 중매인 부부가 입는 격식을 갖춘 옷으로 하얀 천을 빨강, 청색의 순으로 몇 번이고 물들여 깊이 있는 검은색을 띠도록 만들며 주로 사군자四君子나 길조를 나타내는 문양을 새긴다. 이로도메소데는 친족 이외의 결혼식이나 축하 행사 때 입는 예복으로 색이 곱고 화려하여 널리 애용되고 있다.

후리소데

구로도메소데

이로도메소데

c. 호몬기

호몬기訪問着는 후리소데와 도메소데 다음으로 격조 있는 기모노이다. 기혼·미혼에 관계없이 입는 약식 예복이며 에바하오리 모양으로 되어 있다. 호몬기를 제작하는 기법은 일단 옷감을 재단하고 가봉한 다음 기모노로 완성되었을 때 모양이 나도록 그림을 그린 후 다시 뜯어서 그림 위에 염색을 한다. 이것이 쓰케사게와 다른 점이다. 호몬기는 사교용으로 결혼 피로연, 다회, 각종 파티, 윗사람을 방문할 때 등 다양하게 착용한다. 호몬기는 기모노 중에서 색과 무늬의 종류가 가장 풍부하다.

d. 이로무지

이로무지色無地는 무늬가 없는 한 가지 색으로 된 기모노이다. 옷감의 색에 따라 경조사 양쪽으로 입을 수 있다. 검은 색은 상복이 되지만 화려한 색의 바탕무늬에 광택이 들어가 두드러지는 기모노는 축하 자리에 어울리며 수수한 색으로 눈에 띄지 않는 것은 상복으로 입을 수 있다. 나이에 상관없이 결혼 피로연, 다회, 입학식, 졸업식, 파티 등에 나아갈 때 착용한다. 옷감의 색은 착용하는 목적에 따라 다르다. 경조 시에는 어두운 보라, 남색, 녹색, 회색 등의 옷을 입고 검정 오비를 맨다. 경사 시에는 밝고 화려한 색의 옷을 입는다.

e. 쓰케사게

쓰케사게付下げ는 약식 예복으로 호몬기의 제작 과정을 간략히 한 것이다. 호몬기에 비해 무늬가 적기 때문에 화려하지는 않지만 결혼 피로연이나 파티, 다회 등 입고 가는 장소는 호몬기와 거의 다르지 않다.

쓰케사게는 언뜻 보기에는 호몬기와 비슷하지만 에바하오리 기법을 사용하지 않고, 옷의 앞뒤 폭과 어깨, 소매의 무늬가 연결되지 않는 것이 다르다. 호몬기가 기모노를 한 번 가봉하고 나서 문양을 그리는 것이라면 쓰케사게는 가봉한 상태에서 그림을 그리고 염색을 하기 때문에 만들기가 수월하다.

f. 고몬

작은 무늬가 새겨져 있는 기모노를 고몬小紋이라고 한다. 호몬기나 쓰케사게 등은 어깨의 무늬가 위를 향하고 있는데 비해서, 고몬은 상하의 방향에 관계없이 무늬가 들어가 있는 것이 특징이다. 예복이나 정장용으로는 착용할 수 없는 캐주얼한 기모노이다. 가벼운 방문이나 음악회, 간단한 다과회, 식사 등에 나아갈 때 입는 외출복이라고 할 수 있다.

g. 우치카케

우치카케打掛는 결혼식 때 신부가 입는 기모노이다. 시로무쿠우치카케白無垢打掛와 이로우치카케色打掛의 두 종류가 있다. 시로무쿠우치카케는 안에 입는 기모노, 오비, 소품까지 모두 흰색으로 갖추어 입는 것을 말한다. 이로우치카케는 흰색 이외의 비단에 금사와 은사로 자수를 놓은 매우 화려한 기모노이다. 결혼식에는 흰색인 시로무쿠우치카케가 적합하다고 생각하는 사람들이 많지만 어느 쪽도 최고의 의상이기 때문에 이로우치카케도 정식의 예식복으로 사용되고 있다.

h. 모후쿠

모후쿠喪服는 상복이다. 장례식이나 오쓰야에 참석할 때는 검정 상복인 구로모후쿠黒喪服를 입는다. 다섯 개의 문양이 들어간 검정 무지의 기모노로 기혼·미혼에 상관없이 입는다. 나가주반과 한에리(半襟: 나가주반의 깃 위에 대는 장식용 깃)는 흰색을 착용하고, 오비를 비롯한 부속품들은 모두 검정으로 통일한다.

오쓰야 1주기, 3주기 등에는 검정 이외의 색으로 만든 이로모후쿠色喪服를 입을 수도 있다. 이 경우 회색이나 남색, 어두운 보라 등 차가운 색의 이로무지에 검정 오비를 맨다. 이로모후쿠는 가족 외의 참석자나 고인과 비교적 인연이 먼 사람이 입는다.

i. 하카마

하카마袴는 남자의 예복으로 기모노 위에 입는 짧은 겉옷인 하오리와 함께 입는 품이 넓은 하의이다. 한국의 통치마처럼 생긴 것과 너른 바지처럼 양 가랑이가 갈라진 것이 있다. 하카마는 남성다움과 용맹함을 뜻한다. 남자의 기모노는 대부분 검은색이다. 공식적 축하 행사 때에는 기모노의 정장에 문양을 새긴 몬츠키紋付き나 하카마를 입으며 남의 집을 방문할 때는 하오리를 입는다.

j. 나가기

나가기長着는 남녀가 함께 입는 겉옷으로 앞쪽에서 섶을 모아 오비로 매는 원피스 스타일의 의복이다. 소맷부리는 모두 고소데이다. 여자 옷은 소매 배래 쪽에 늘어지는 부분의 길이에 따라서 오후리소데[큰소매], 나가후리소데[중간소매] 등 5~6종류의 명칭이 있다.

k. 하오리

하오리羽織는 나가기 위에 입는 짧은 겉옷으로 남녀 모두 착용한다. 입는 사람의 집안과 문양이 장식된 기모노이며, 여성의 경우에는 정장이 되지 못한다. 하오리는 '걸쳐 입다'라는 뜻의 일본어 '하오루羽織る'에서 유래한 것이다. 남자의 경우는 예장용이지만 여자의 경우는 예장용이 아니다. 다만 검정 무지에 문양이 들어간 것은 예장용으로 사용되기도 한다.

I. 유카타

유카타浴衣는 온천이나 더운 목욕물을 가리키는 유湯와 얇은 홑옷을 뜻하는 가타비라帷子의 복합어이다. 헤이안 시대 귀족들은 목욕을 마치고 물기를 빨아들이는 마로 지은 유카타를 가운처럼 몸에 걸쳤다. 에도 시대에 대중목욕탕이 많이 보급되면서 유카타가 목욕 가운은 물론 잠옷이나 속옷으로 이용되었다. 유카타 자체가 속옷이었기 때문에 속옷을 따로 입을 필요가 없었다. 하지만 무사들이 유카타만 입고 외출하는 경우는 없었다. 물론 오늘날 외출용 유카타를 걸칠 때는 반드시 속옷을 입는다.

유카타

유카타는 무명으로 만들었으나 요즈음에는 폴리노직, 폴리에스테르 등과 같은 화학 섬유를 이용하여 만든다. 불꽃놀이, 본오도리盆踊り 등의 행사 때 유카타를 입은 사람들이 많이 눈에 뜨인다. 여관이나 호텔에서는 유카타가 잠옷 대신에 준비되어 있다. 온천 지대에서는 실외에서 입을 수 있다.

5.4

기모노의 부속품

a. 오비

오비帶는 기모노 위에 매는 넓고 긴 허리띠이다. 허리에 몇 겹씩 감아 뒤쪽에서 매듭을 짓는다. 오비는 16세기 말에 등장했는데, 17세기 말에 오비의 폭이 넓어지면서 현재와 같은 형태가 되었다. 여성스러움을 강조하기 위해 굵은 오비로 허리를 묶는 방법이 고안되었던 것이다. 오비를 매는 위치가 허리보다 약간 위에 있어 상대적으로 하반신이 길어 보이는 효과가 있다.

오비는 옷감의 재질, 무늬, 제작 방법이 다르다. 실로 짠 것은 오리

오비織帶라고 하고 염색으로 무늬를 낸 것은 소메오비染帶라고 한다.

　오비의 종류로는 마루오비丸帶, 후쿠로오비袋帶, 나고야오비名古屋帶, 한하바오비半幅帶, 가쿠오비角帶, 헤코오비兵兒帶 등이 있다.

　폭이 넓은 천을 두 겹으로 접어 꿰맨 마루오비는 최고급의 예장용이다. 오비의 앞뒷 면이 같으며, 금박과 은박을 많이 사용한 호화로운 오비이다. 최근에는 결혼식에서 신부의 후리소데에 사용한다. 후쿠로오비는 마루오비를 대신하여 예장용으로 가장 많이 사용한다. 원래는 앞뒤가 같은 천이었으나 요즈음에는 앞면을 무늬를 짠 천으로 하고 뒷면은 무늬가 없는 무지를 사용한다. 나고야오비는 몸에 두르는 부분은 두 겹으로 접어 폭을 반으로 한 오비를 말한다. 후쿠로오비가 간략화된 것이다. 한하바오비는 폭이 보통 폭의 오비를 반으로 접어 바느질한 것이다. 가쿠오비는 온천에서 흔히 볼 수 있는 겹으로 된 딱딱하고 폭이 좁은 오비이다. 헤코오비는 옷감이 부드럽고 폭이 넓기 때문에 묶었을 때 몸에 부담이 가지 않아 평상복이나 유카타의 오비로 애용된다.

b. 다비

　일본 버선은 다비足袋라고 한다. 엄지와 다른 발가락 사이가 갈라져 있는 모양을 하고 있어서 게타를 착용하는 데 적합하다. 실크나 면이 주로 사용된다. 남자들은 검은색이나 감청색을 많이 신는다. 여성들이 정장을 입을 때는 흰색, 일상복을 입을 때는 색이 있는 것을 신는다.

c. 조리와 게타

조리草履는 기모노에 맞추어 신는 일본 전통 신발이다. 소재와 형태, 색 등에 따라 예장용, 준예장용, 캐주얼용이 있는데 굽이 높을수록 예장용에 가깝다. 예장용은 끈과 바닥이 같은 소재와 같은 색을 사용하고, 굽은 약 7센티미터 정도이다. 조리는 다비를 신고 신는다.

게타下駄는 일본 나막신을 말한다. 보통 나무로 만든다. 신발 바닥에 하齒라고 하는 돌출된 두 개의 부분이 있는 것이 특징이다. 엄지 발가락과 둘째 발가락 사이에 V자형의 고정 끈이 붙어 있다. 남성용은 목재를 거의 가공하지 않은 형태로 사용한다. 보통은 검은 고정 끈을 사용한다. 여성용은 대개 나무 위에 칠을 한다. 고정 끈도 아름다운 실크나 벨벳을 사용하기도 한다.

d. 센스

예복을 입을 때 남녀 모두 센스扇子라는 소형 부채를 들게 되는데

기모노의 중요한 소품 중의 하나이다. 센스의 디자인은 매우 다양하다. 여성용은 화려하면서 가볍고 작다. 센스를 펼치면 중심에서 끝부분으로 확 퍼지는데 이를 '스에히로가리末広がり'라고 한다. 센스를 오비에 비스듬히 꽂으면 장식성이 뛰어나다. 센스는 다회에 갈 때 반드시 가져가야 하는 도구이기도 하다.

제6장
음식 문화

일본은 생선요리가 발달한 것이 특징이다. 제철 음식을 주로 요리한다. 조리법은 날 것으로 먹기 · 삶기 · 굽기 · 튀기기 · 찌기가 기본이다. 미각과 함께 시각을 중요하게 생각하므로 음식과 그릇의 조화를 중요시한다. 요리할 때 넣는 조미료로는 설탕 · 소금 · 식초 · 간장 · 된장이 기본이다.

6.1

음식의 종류

a. 쇼진 요리

　쇼진精進 요리는 동물성 식품을 피하고 식물성 재료만 사용하는 요리이다. '동물을 살생하지 말라'는 계율에 따라 식물성 음식만을 먹게 된 데서 유래한 음식이다. 쇼진 요리에는 채소 외에 콩으로 가공한 두부, 유부, 낫토納豆, 해초 등의 재료를 쓴다. 기름과 전분을 많이 사용하는 것이 특징이다. 쇼진요리의 주요 메뉴는 아래와 같다.

　(1) 야마토이모노 차완무시: 일반적으로 차완무시라고 하면 채소

를 넣고 부드럽게 찐 계란을 말한다. 그러나 쇼진 요리에서는 계란 대신에 산마나 순무 등의 재료를 사용한다.

(2) 나마유바 후초마키 즈시: 두유를 끓여 그 표면에 생긴 얇은 막을 걷어 말린 식품이다. 이것은 끓이는 요리에 넣거나 김밥을 말 때 김 대신에 사용한다.

(3) 고야도후: 말린 두부로 끓이거나 튀기는 데 사용된다. 쇼진 요리에 없어서는 안 되는 재료이다.

(4) 덴가쿠: 덴가쿠田楽는 된장을 발라서 구운 두부이다.

(5) 고마도후: 깨를 발라 양념한 칡으로 두부와 다소 비슷한 감촉이다.

(6) 쇼진아게: 해산물이나 채소만을 사용한 튀김 요리이다.

b. 혼젠 요리

혼젠本膳 요리는 무사의 집안에서 전래된 요리이다. 정식 일본 요리로 현대 일본 요리의 원류라 할 수 있다. 손님마다 따로 상에 요리를 올려서 제공하는데, 국이나 채소의 가지 수에 따라 상의 수도 증가한다. 어느 상에는 무엇을 놓는다든지, 같은 종류 같은 맛의 요리는 내지 않는다든지 하는 까다로운 규칙이 있다.

일즙삼채一汁三菜, 이즙칠채二汁七菜가 가장 일반적이다. 요리는 첫

번째 상一の膳, 두 번째 상二の膳, 세 번째 상三の膳, 네 번째 상四の繕, 다섯 번째 상五の膳까지 차려지기도 한다. 혼젠요리는 상膳을 내는 방법, 먹는 방법에 일정한 형식이 있다. 예절과 방법을 매우 중요시한다.

c. 가이세키 요리

가이세키會席 요리는 연회 요리이다. 혼젠 요리의 까다로운 형식을 간편하게 한 것으로 주연 요리의 주류를 이루고 있다. 형식보다는 식미본위食味本位 즉, 보아서 아름답고 냄새를 맡아서 향기롭고 먹어서 맛있는 것을 전제로 한다. 가이세키 요리에는 일즙삼채, 일즙오채, 이즙오채 등의 상차림이 있다. 특별한 경우를 제외하고는 같은 재료를 중복 사용하지 않고 같은 맛은 피하는 것이 원칙이다.

6.2

대표적인 음식

a. 사시미

　신선한 생선을 아무런 조미를 가하지 않고 그대로 먹는 사시미刺身는 일본인이 좋아하는 음식이다. 일본인은 가마쿠라 시대부터 사시미를 먹기 시작했는데, 당시는 간장이 없었기 때문에 생선을 얇게 썰어 식초에 절여서 먹었다. 훗날에는 간장과 와사비(고추냉이)를 찍어서 먹게 되었다.

　사시미는 회를 뜨는 방법에 따라 다양하다. 뼈와 꼬리, 머리를 그대로 둔 채 살만 회로 쳐서 뼈 위에 올려놓아 원래 모습 그대로 꾸며놓은

것을 스가타즈쿠리姿作り라 하며, 축하하는 자리에 쓰이는 도미의 경우가 대표적이다. 생선을 1~2센티미터 정도의 크기로 잘라 향초香草나 된장 등을 섞어 칼로 다진 다타키가 있다. 생선살을 차가운 얼음물에 담가 회를 뜨는 아라이가 있다. 아라이는 물에 기름기가 빠져 깔끔한 맛을 느낄 수 있다.

b. 스시

스시寿司에는 지라시즈시散らし寿司, 오시즈시押し寿司, 마키즈시巻き寿司 등 여러 종류가 있다. 우리나라에서 생선초밥이라 불리는 니기리즈시握り寿司는 밥을 손으로 뭉쳐 모양을 만든 다음 그 위에 신선한 생선을 얹어서 먹는 음식을 말한다.

일본인들은 스시를 한자로 자鮓, 지鮨, 수사寿司 등으로 표현한다. 寿司는 메이지 시대 이후에 사용된 용어이다.

일본 고대의 스시는 생선을 밥과 함께 발효시킨 것으로 밥은 먹지 않고 생선만 가려서 먹었다. 이러한 스시는 나레즈시熟鮓, 구사레즈시腐鮨, 이즈시飯鮓 등으로 불렸다. 무로마치室町 시대에 접어들면 생선을 소금에 절인 다음 그 속에 밥을 넣고 1주일 정도 발효시켜 먹었다. 이것을 나마나레즈시生成鮓라 하였다.

에도 시대에는 식초를 넣은 밥을 나무상자에 넣고 그 위에다 어패류를 얹어 돌로 몇 시간 눌러 두었다가 먹는 스시가 등장하였다. 이를 하코즈시箱鮓 또는 오시즈시라고 하였다. 또 그것이 빨리 만들어진다고 하여 하야즈시早鮓, 상자 속에서 꺼내 먹기 좋게 칼로 자른다 하여 기리즈시切鮓라고 하였다. 하코즈시는 교토와 오사카 지역에서 발달한 것이다.

스시

오늘날 우리들이 알고 있는 스시, 즉 밥에 와사비를 바르고 그 위에 생선을 얹어 먹는 니기리즈시는 에도 시대에 하나야 요베花屋與兵衛가 개발했다고 전해진다. 니기리즈시는 에도 앞바다에서 잡은 어패류를 이용해서 만들었다고 하여 에도마에즈시江戸前寿司라고도 한다. 요베는 와사비가 해독 작용이 있다고 선전했고, 또 니기리즈시를 따뜻한 녹차와 함께 먹도록 권했다. 요베는 니리기즈시를 포장마차에서 팔았는데, 이것이 예상 밖으로 날개 돋친 듯이 팔렸다. 값싼 재료를 사용하여 서민들도 부담 없이 먹을 수 있도록 다양한 메뉴를 개발하였다. 유부 초밥도 요베가 개발한 것이었다.

스시의 종류는 다양하다. 이나리즈시稲荷寿司는 조린 유부에 식초, 설탕, 깨, 겨자씨 등을 넣고 양념한 밥을 채워 넣는 유부 초밥이다. 지라시즈시ちらし寿司는 식초로 가미한 밥을 그릇에 담고 어패류나 채소

등 다양한 재료를 얹어 먹는 스시이다.

c. 스키야키

스키야키는 얇은 냄비에 고기와 채소를 넣어 끓여먹는 요리로 일본의 쇠고기 요리를 대표하는 음식이다. 스키야키의 역사는 의외로 짧다. 일본인들은 에도 시대까지 쇠고기를 먹지 않았으나, 1867년 에도에 쇠고기를 파는 정육점이 문을 연 뒤 곧 스키야키를 취급하는 식당이 등장하였다. 1872년 메이지 천황이 몸소 쇠고기를 먹고 국민에게 쇠고기를 상에 올리도록 하였다. 일본인이 서양인에 비하여 체격이 빈약한 것은 육식을 하지 않는 데서 비롯되었다고 생각했기 때문이다. 그 후 일본에서 쇠고기 요리가 유행하게 되었다.

d. 돈카쓰

돈카쓰는 돼지고기에 튀김옷과 빵가루를 입혀 튀겨낸 요리이다. 우스터소스나 겨자를 뿌려 먹으며 가늘게 채친 양배추를 곁들인다. 메이지 초기 서양문명이 들어오면서 쇠고기를 얇게 썰어 버터나 기름에 구운 비프 커틀릿Beef Cutlet이라는 서양 요리가 일본에 전래되었는데, 그것이 계기가 되어 돈카쓰가 탄생하였다.

e. 덴푸라

어패류나 채소류, 산채류에 밀가루와 달걀로 만든 튀김옷을 입혀 기름으로 튀긴 요리이다. 덴푸라의 어원은 포르투갈어의 tempero(조미료)이다. 규슈九州 일대에서는 어육魚肉을 간 뒤 잘게 썬 당근과 우엉에 소금·설탕·녹말을 넣고 잘 섞어 기름에 튀긴 사쓰마아게를 '덴푸라'라고 한다. 덴푸라

덴푸라

중에서도 채소류나 어패류를 잘게 썰어 버무려 튀긴 것을 가키아게, 해조류를 버무려 튀긴 것을 이소베아게磯辺揚げ라고 한다.

f. 오코노미야키

　오코노미야키お好み焼きと는 가다랭이포를 우려낸 물로 밀가루를 개어 고기, 채소, 해산물 등의 재료를 넣고 부친 것으로 소스를 뿌려먹는다. 오코노미야키는 사용하는 소스와 재료에 따라 맛이 달라지는데, 히로시마広島와 오사카大阪의 오코노미야키가 유명하다. 히로시마에서는 밀가루 반죽 위에 야키소바(철판에 채소와 함께 면을 볶아 소스를 곁들인 음식)를 넣는 것이 특징으로, 위에 끼얹는 반죽이 얇고 소스도 많이 바르지 않는다. 오사카에서는 양배추, 돼지고기, 해물 등을 넣고 구운 다음, 마요네즈와 소스를 바르고 그 위에 가다랭이포나 파래 가루를 뿌려 먹는다.

g. 돈부리

　돈부리丼란 밥공기보다 크고 깊은 사발에 밥을 담고 그 위에 여러 재료를 올린 덮밥을 말한다. 가장 오래된 돈부리는 19세기 초에 선보인 우나동鰻丼이고, 이어서 후카가와동深川丼이 등장하였다. 메이지 초기에는 가이카동開化丼이라고 하는 규동牛丼, 1891년에 닭고기와 계란을 덮은 오야코동親子丼, 1921년에는 가쓰동カツ丼이 선을 보였다.

　일본인들은 규동牛丼을 가장 즐겨 먹는다. 1899년에는 규동을 전문으로 하는 요시노야吉野家가 개업하였다. 지금도 요시노야는 규동의 대명사라 일컬을 정도로 성업 중이다. 일본인들이 규동 다음으로 즐겨 먹는 돈부리는 덴푸라를 올려놓은 덴동天丼이다. 덴동을 판매하는 덴야天屋라는 체인점은 일본 굴지의 대기업 미쓰이三井 물산에서 경영하고 있다.

h. 소바

기쓰네소바

다누키소바

소바는 메밀가루를 재료로 한다. 17세기 초에 소바를 파는 상점이 생겨났다. 우리나라 냉모밀에 해당하는 자루소바는 자루(소쿠리)에 담긴 면을 별도의 그릇에 담긴 국물에 담가 먹는데, 국물에 파·고추냉이·다이콘 오로시(강판에 갈은 무) 등의 양념을 넣어 맛을 낸다. 섣달 그믐날인 오미소카에는 가족들이 함께 도시코시소바를 먹는 풍습이 있다.

i. 우동

지방에 따라 우동 국물 맛이 다르다. 간토 지방의 우동 국물은 간장에 가다랭이포를 넣고 우려낸 것이다. 그래서 국물이 진한 간장 색을 띄고 있다. 간사이 지방의 우동 국물은 다시마와 가다랭이포 이외에 표고버섯이나 멸치를 넣고 우려낸다. 거기에 맑은 간장으로 간을 하기 때문에 국물의 색이 맑은 편이다. 우동에는 여러 가지 고명을 얹는데, 이 고명에 따라 기쓰네 우동, 다누키 우동, 쓰키미 우동 등으로 분류된다.

우동

유부가 들어간 우동을 기쓰네 우동이라고 한다. 기쓰네는 여우라는 뜻이다. 다누키 우동이라는 것도 있다. 다누키는 너구리라는 뜻이다. 이 명칭은 튀김의 '다네種', 즉 내용물을 뺐다는 의미로 다네누키種抜き

우동이라고 했는데, 이 말이 전용되어 다누키 우동이라고 부르게 되었다는 설이 있다. 또 다른 설도 있다. 우동에 튀김옷을 부풀린 튀김을 얹는데, 그 튀김이 크기에 비해 내용물이 없어서 '속았다'라고 생각한다고 하여 속이기를 잘하는 다누키라는 이름이 붙여졌다는 설이 있다. 더 흥미로운 것은 지방에 따라서 소바와 우동의 차이를 가지고도 '기쓰네' 또는 '다누키'라고 다르게 부른다.

쓰키미 우동은 우동 위에 날계란을 깨 넣은 것이다. 계란의 흰자위 부분을 구름, 노른자위 부분을 달이라고 생각해 '달을 본다'는 뜻의 쓰키미月見라는 이름이 붙여졌다고 한다.

j. 라멘

일본이 태평양 전쟁에서 패전한 후 중국에서 돌아온 일본인들이 중국에서 생 라멘 제조법을 배워와 포장마차에서 라멘을 팔았다. 중화요리점에서 쓰다 남은 돼지 뼈와 닭 뼈를 우려낸 국물에 간장이나 된장으로 맛을 낸 초기의 생 라면은 어려운 시민들에게

쇼유 라멘

인기를 끌었다. 생 라멘은 국물맛과 면 종류, 고명, 지역에 따라 다양한 종류가 있다. 소금으로 간을 한 라멘으로 중화요리점에서 개발한 시오 라멘, 간장으로 맛을 낸 쇼유 라멘, 갖은 채소와 돼지·닭뼈를 우려낸 스프에 된장을 푼 미소 라멘, 돼지뼈를 장시간 끓여 국물을 낸 돈코쓰 라멘 등이 있다. 인스턴트 라멘은 1958년 오사카에서 개발된 치킨 라멘을 선구로 한다.

k. 우메보시

매실장아찌를 우메보시梅干し라고 한다. 언제부터 일본인들이 우메보시를 즐겨 먹게 되었는지는 분명하지 않지만, 일반인이 즐겨 먹게 된 것은 근세 후기이다. 전국적으로 보급된 것은 메이지 이후이다. 미약하기는 하지만 우메보시는 방부제 역할을 하기 때문에 주먹밥이나 도시락 속에 넣기도 한다. 맛이 새콤하면서 짜지만 알칼리성 식품으로 소화 촉진, 노화 방지, 식욕 촉진 등의 효과가 있다. 특히 여름철 더위 예방에 좋고 위장이나 피로 회복에도 좋다고 알려져 있다.

I. 낫토

낫토納豆는 메주콩을 발효시켜 만든 식품이다. 한국의 청국장과 비슷한 냄새가 난다. 일본에서는 특히 관동 지방과 규슈의 남쪽 사람들이 먹는다. 특유의 냄새 탓인지 그 밖의 지방, 특히 관서 지방과 시코쿠 지방 사람들은 그다지 좋아하지 않는다. 그러나 낫토에 포함된 키나제 성분이 건강에 좋다고 알려지면서 근년에 일본 전역에서 소비가 급증하고 있다.

낫토를 먹는 방법은 우리나라사람이 청국장을 먹는 방법과 다르다. 일본인들은 밥에다 낫토를 얹어서 버무려 먹는다. 낫토에 파나 겨자를 넣으면 낫토의 악취를 억제하는 효과가 있다.

6.3 도시락 문화

도시락은 일본인의 생활 속에 깊숙이 자리 잡고 있다. 봄에 벚꽃이 필 때 일본인들은 도시락을 들고 꽃구경 가는 일본인들이 많다. 이때 먹는 도시락을 오하나미벤토라고 한다. 오하나미벤토는 꽃의 이미지를 활용한 반찬과 장식이 특징이다. 오하나미벤토에는 제철을 맞은 죽순과 채소, 꽃잎 모양의 어묵, 분홍색 찹쌀떡을 양념에 절인 벗나무 잎과 꽃잎으로 싼 사쿠라모치桜餅 등이 들어간다.

일본의 전통극 가부키歌舞伎를 구경할 때도 막간에 벤토를 먹는 시간이 따로 있다. 이때 먹는 도시락을 가부키의 막간에 먹는다고 해서 마쿠노우치벤토幕の内弁当라고 한다. '대접하다'라는 뜻을 지닌 오모테

나시벤토는 결혼식, 장례식, 제사 등 특별한 행사 때 손님들을 위해 내놓는 도시락이다. 대표적인 고급 도시락이라고 할 수 있다. 같은 크기의 그릇 4개가 들어 있는 정사각형 용기에 각각 색과 맛을 고려해 음식을 담은 쇼가도벤 松花堂弁当도 대표적인 고급 도시락이다.

메이지 시대부터 전국의 기차역에서 에키벤駅弁이라고 하는 도시락을 판매하기 시작하였다. 1885년 7월 도쿄의 우에노上野와 도치기현栃木縣의 우쓰노미야宇都宮 사이에 철길이 열렸을 때 우메보시가 든 주먹밥과 죽순에 싼 단무지를 팔기 시작했다고 한다. 그 후 철도의 역사와 함께 발달하게 된 에키벤은 일본 전역에 깔려 있는 기차역과 전철역에서 판매되고 있다. 철도여행 중에 맛보는 에키벤을 통해 그 지방 특유의 역사, 풍토, 인정 등을 느낄 수 있다. 에키벤을 맛보기 위해 기차나 전철로 여행을 하는 사람이 있을 정도이다. 현재 전국에 2000종류 이상의 에키벤이 있다.

에키벤

에키벤 메뉴

6.4

음주 문화

a. 일본의 술 종류

일본인이 가장 많이 마시는 술은 맥주이다. 그 밖에 청주, 소주, 위스키, 와인, 칵테일 등 다양한 술을 마신다. 맥주는 열처리 살균을 하지 않은 생맥주, 알코올 도수가 높고 쌉쌀한 맛을 내는 드라이 맥주

일본 맥주

가 인기가 있다. 일본에서 생산된 맥주는 다른 나라 것보다 맛이 진하고 거품이 부드럽다.

청주는 사케라고 부르기도 한다. 한국의 청주와 비슷하나 재료와 제조 공정이 달라 맛도 다르다. 청주는 술을 만들기 위하여 따로 재배한 쌀을 사용하고 누룩도 쌀로 만든다. 쌀의 품질과 정미도, 그리고 물맛이 청주의 품질을 결정한다.

한국인들 중에는 일본 청주를 정종이라고 부르는 사람들이 있는데 이는 잘못된 표현이다. 일본식 청주가 한국에 처음 소개된 것은 1883년 후쿠다福田라는 일본인이 부산에 청주 공장을 세우면서이다. 이어서 여러 곳에 일본식 청주 양조장이 들어섰다. 그 상표 중 하나가 정종正宗이었고, 이것이 대중화되자 한국 사람들은 일본식 청주를 정종이라고 불렀던 것이다.

청주는 정미율, 즉 쌀을 깎아낸 비율이 50퍼센트면 다이긴죠大吟釀, 60퍼센트면 긴죠吟釀라 한다. 다이긴죠는 낮은 온도에서 천천히 발효시켜 부드러운 맛과 향이 나며, 긴죠는 과일 향과 부드러운 맛이 나는 프리미엄급 청주이다. 일반적으로 청주는 따뜻하게 데워 마시면 취기가 빨리 돌아 몸이 따뜻해진다. 술을 따뜻하게 데워 마시는 것을 아쓰깡熱燗이라고 한다. 차게 해서 마시면 고급 와인과 비슷한 맛이 나는데, 이를 히야冷や라고 한다. 전국 각지의 양조장에서 생산되는 청주를 지자케地酒라고 한다.

술맛을 표시하는 방법으로서 톡 쏘고 쌉쌀한 맛, 약간 순한 맛, 순한 맛 등이 있다. 일본에서는 축하주를 마실 때 어른 몸집보다 큰 술통

에 담긴 다루자케樽酒를 가져와 나무망치로 뚜껑을 깨뜨려 술통을 연다. 이를 가가미비라키鏡開き라고 하는데, 술을 제조하는 사람들이 술통의 뚜껑을 가가미鏡라고 부른데서 유래한다. 우리나라의 막걸리와 비슷한 탁주도 있는데, 이것을 니고리자케 또는 도보로쿠濁酒라고 한다.

히나마쓰리 등 특별한 날에 주로 여자아이가 마시는 시로자케白酒는 흰색의 걸쭉한 술로 단맛이 난다. 설날이나 마쓰리 행사 때 신사에서 먹는 아마자케甘酒는 단맛이 나는 술로 추운 겨울날 가정에서도 마신다.

b. 이자카야

이자카야居酒屋는 술과 식사를 함께 파는 곳이다. 이자카야의 종류로는 비교적 싼 가격으로 마실 수 있는 체인점에서부터 전통적인 일본식 식당까지 다양하다. 이자카야는 일본 술 전문점으로 종류를 한정하기도 하지만, 대부분 일본 술, 와인, 칵테일, 사와에 이르기까지 그 종류가 다양하다. 사와는 칵테일의 일종으로 위스키, 진, 소주 등에 레몬이나 라임, 자몽 등의 즙을 넣어 상큼한 맛을 낸 술이다.

일본인들은 술 마실 때 꼬치구이나 차게 한 날두부에 양념간장을 뿌려놓은 히야얏코, 풋콩을 껍질 채 삶은 에다마메枝豆, 튀김옷을 입히지 않고 튀긴 음식인 가라아게, 튀긴 두부, 고로케, 찜요리, 채소샐러드 등을 안주로 한다.

c. 술 마실 때의 에티켓

일본인은 보통 술을 마신 후에 밥을 먹는다. 이자카야에서 술안주를 시키지 않고 식사가 될 만한 음식을 주문하면 그만 나가라는 의미에서 녹차가 나온다. 술을 권하고 마실 때는 술병을 두 손으로 들고 따르는 것이 예의이지만 편한 사이에서는 한 손으로 술을 따라도 실례가 되지 않는다.

잔이 조금이라도 비면 술을 따르고 권하는 첨잔添盞이 가능하다. 첨잔하는 것이 한국에서는 금기이지만, 일본에서는 상대방을 배려하며 관심을 가진다고 여기기 때문에 미덕이다. 한국에서는 술을 마실 때 어른이 마신 뒤에 잔을 비워야 하고, 마실 때는 상체를 뒤로 돌리거나 돌아앉아서 마신다. 그러나 일본에서 이렇게 예의는 차릴 필요가 없다. 성인이 되면 술과 담배를 함께 하는 것이 자연스러운 것으로 여긴다.

상대방이 술을 따라 주면 자기도 곧 상대에게 따라주고 잔을 돌리지 않는다. 상대방이 잔을 손으로 가리거나 술잔이 가득한 상태로 그냥 두고 있을 때에는 더 이상 못 마신다는 의사표시이므로 술을 억지로 권하지 않는다. 술을 잘하지 못하는 사람도 술자리에 부담을 느끼지 않

이자카야

고 편안한 마음으로 참석할 수 있다. 여럿이 술을 마시고 난 후에는 술값을 똑같이 나누어 계산한다. 예를 들어 10인이 마셔서 3만 엔이 나오면 적게 마시거나 많이 마시거나 상관없이 각각 3천 엔씩 나누어 내는 방식이다.

제7장

주거 문화

7.1

주택 사정

a. 주택난

　일본의 주택은 종종 토끼집이라고 불린 적이 있었다. 1950년대 주택난이 심각해져서 이러한 말이 생겨났던 것이다. 일본 정부는 주택 환경을 개선하기 위하여 1955년부터 13평 정도의 공영주택단지를 조성하였다. 즉 방 2개와 침식분리를 하기 위해서 부엌을 조금 넓혀서 거기서 식사할 공간을 만들었다. 이렇게 생겨난 것이 DK(다이닝 키친)이다. DK는 당시의 공단 설계과장이 이름을 붙인 일본식 영어이다. 1960년 이후로는 2LDK(리빙 다이닝 키친)나 3DK가 공단주택의 주류로 되어 간다. '침식분리'의 사고에 바탕을 둔 새로운 주거 형태는 일본식 생활양식을 서양식 스타일로 변화시켰다. 예를 들면, 낮에는 다타미 바닥에 앉아 식사를 하고 밤에는 그 다타미 바닥에서 잠을 자는 생활로부터 부엌의 식탁에서 식사를 하고 침실에서 잠을 자는 스타일로 바뀐 것이다. 개별 공간을 배려한 방의 배치로 개인의 프라이버시가 중시되었다.

1970년대에 들어와서는 도시 주변에 신흥주택단지가 들어서면서 도심의 주거환경은 대폭 개선되었다. 1980년대까지만 하더라도 많은 일본 사람들이 2~30년 동안 장기상환 하는 조건으로 주택담보대출을 받아 주택이나 아파트를 마련하였다.

1990년대 버블 붕괴 이후 부동산가격이 하락하면서 재산증식을 위해 주택을 구입하는 경향이 적어졌다. 집을 마련하지 않고 매달 월세를 내며 사는 사람들이 많다. 집이 필요하다고 생각하는 사람들은 도심 지역의 아파트를 구입하려는 사람과 교외에 정원이 있는 단독주택을 마련하려는 사람으로 나눌 수 있다. 그러나 일본 도심의 경우 집값이 너무 비싸서 평범한 회사원이 주택 소유의 꿈을 이루기는 쉽지 않다. 교외에 있는 주택의 경우 통근하는데 시간이 걸린다는 단점이 있다.

b. 주택의 특징

일본의 주택은 여름이 길고 고온다습한 기후적 특징을 고려해서 창문을 많이 내고 지붕을 높게 하여 통풍이 잘 되게 하는 구조이다. 또한 일본은 지진이 자주 일어나기 때문에 철근 콘크리트보다 높이가 낮은 목조건물이 많이 지어졌다. 목조건물은 지진의 흔들림에 강하고 건물의 높이가 낮을수록 무너질 위험이 적다. 지금도 일반주택은 대부분 목재를 사용해 짓는다. 그래서 일본의 주택은 화재에 약하고 공동주택의 경우는 방음에 문제가 많다. 1995년 고베 대지진 때 6천여 명의 사망자를 냈는데 화재에 의한 인명 피해가 절반 이상을 차지하였다. 오래된 목조아파트의 소음 문제는 심각하다. 옆집에서 전화를 받는 소리와 텔레비전 소리까지 들릴 정도이다.

현재 일본의 주거형태를 살펴보면, 우리의 연립주택이나 다세대 주택을 일본에서는 아파트라고 부르며 만숀(일본의 맨션)은 우리나라의 아파트와 같은 개념으로 쓰인다.

A. 아파트 : 목조 건축 또는 조립식 건축으로 보통 2층의 공동주택이다.

B. 만숀 : 콘크리트로 지었으며 보통 3층 이상의 공동주택이다.

C. 단독주택 : 독립된 가옥으로 보통은 단층집과 이층집인데 작은 마당이 있다.

우리나라는 보통 세면대와 욕실, 그리고 화장실이 같은 공간에 배치되지만, 일본의 아파트는 분리되어 있는 것이 일반적이다. 그래서 아침 시간에 세면하는 사람과 용변을 보는 사람이 한 공간을 서로 놓고 다투지 않아도 된다.

아파트

일본 주택의 또 하나의 특징으로는 신발을 벗고 실내에 오르는 것이다. 현관의 신발장은 일본에 살아본 외국인의 눈에 가장 특이하게 비춰지는 부분이기도 하다. 의자 문화로 바뀌어가고 있지만 아직도 다타미방에서 생활하는 문화도 남아 있다. 그리고 새로 건축하는 주택의 90퍼센트가 전통적인 도코노마를 만들고 있다. 일본인은 일본식과 서양식을 절충한 스타일을 선택하고 있는 것을 알 수 있다.

만숀

단독주택

c. 임대

일본에서 집을 임대할 때는 주로 월세 집에 들게 된다. 일본에는 우리나라와 같은 전세제도가 없다. 월세 집은 고급 주택에서부터 화장실을 공유하고 욕실이 없는 공동주택에 이르기까지 다양하다. 월세를 결정하는 중요한 요소는 전철역에서부터 집까지의 거리이다.

집을 빌릴 때는 보증금인 시키킨敷金 외에 레이킨礼金이라 하여 처음 들어갔을 때 월세 몇 달치에 해당하는 돈을 주인에게 주게 되어 있다. 도쿄의 경우 레이킨은 월세의 두 배, 시키킨도 월세의 두 배를 지불하는 것이 일반적이다. 계약이 끝나고 나올 때는 살던 집에 흠집을 냈거나 파손이 된 경우에는 수리비를 제한 나머지를 보증금인 시키킨에서 제하고 돌려받게 된다. 그 외에도 청소비용 등을 제하기 때문에 보증금을 모두 돌려받는 경우는 드물다. 레이킨은 집 주인에게 인사비로 주는 돈이므로 돌려받을 수 없다. 중개수수료는 일반적으로 월세의 1개월 치를 낸다. 요컨대 처음 집을 빌려 들어갈 때는 월세의 5배 정도에 해당하는 돈이 들어가게 된다.

7.2

주택 구조

a. 다타미

일본식 방인 와시쓰和室와 양식 방인 요시쓰洋室의 구별 준거인 다타미畳는 일본 주택을 크게 규정지어온 전통적인 바닥재이다. 다타미의 크기는 지방에 따라 또는 방의 크고 작음에 따라 조금씩 다르지만 다타미의 한 장 크기는 일반적으로 가로 90센티미터, 세로 180센티미터이다. 다타미 두 장이 한 평에 해당하는 넓이인 셈이다. 일본에서는 다타미 몇 장인가로 방의 크기를 가늠한다.

b. 오시이레

거실의 한쪽 면에 이불 등을 넣어 두기 위한 붙박이장이 있는데, 이 수납공간을 오시이레押し入れ라고 한다. 미닫이문으로 되어서 옆으로 밀어서 열고 닫으며 문은 종이로 바른다. 오시이레 내부 구조는 위 아래로 나뉘어져 있어서 한 칸에는 요와 이불을 다른 한 칸에는 방석이나 여러 물건을 넣는다. 일본은 고온 다습한 기후여서 볕이 잘 드는 방이 아니면 오시이레 안에 습기가 차서 곰팡이가 생긴다. 남향인 방을 선호하는 이유도 볕이 잘 든다는 것뿐만 아니라 습기가 차지 않기 때문이다. 차를 타고 가다 보면 날씨가 좋은 날에 이불을 널어 말리는 장면을 쉽게 볼 수 있다.

c. 쇼지와 후스마

일본의 전통 가옥에는 공간과 공간을 구분하는 벽이 없다. 방과 방 사이 또는 거실과 욕실 사이 등 공간 구분은 후스마(襖: 나무로 된 골격에 두꺼운 종이를 바른 문) 또는 쇼지(障子: 나무로 된 골격에 창호지를 바른 문)로 대신

후스마

한다. 즉 용도가 정해져 있는 서양식의 방과 비교하면 좀 더 다양하게 사용할 수 있는 구조이다. 그러나 쇼지와 후스마는 방음은 물론 빛도 차단하지 못하는 칸막이다.

d. 도코노마

도코노마床の間는 근세 이후 거실에 다타미 한 장 넓이를 확보하여 바닥을 한 단 높여서 벽에는 족자를 걸도록 한 곳으로 일본 주택을 상징하는 공간이다. 무로마치 시대 승방의 벽에 불화를

도코노마

걸고, 그 앞에 향로, 화병, 촛대 등을 장식한 것에서 유래한다. 도코노마는 에도 시대 초기에 정형화되었다.

에도 막부는 서민의 주택에 도코노마를 설치하는 것을 금지하였으나 18세기 중엽부터는 서민의 주택에도 도코노마가 설치되게 되었다. 에도 시대의 주택 속에서 거의 유일한 장식 공간이었기 때문에 도코노마의 상징성은 매우 높았다. 지금도 일본식 주택에 도코노마를 설치하는 전통이 계승되고 있다.

7.3 현대 주택과 생활양식

　전통적인 일본 주택은 공간을 구분하는 벽이 없어서 쇼지나 후스마를 치우면 안팎의 구분 없이 연결되는 구조였다. 이러한 주택의 특성상 사람들이 많이 모이는 각종 행사 때에는 편리했지만, 개인의 프라이버시가 존중되는 구조는 아니었다.

　현대 주택에서는 마루, 쇼지, 후스마 등을 없애고 공간을 벽으로 구분하고 있다. 일본식에서 서양식 주택 구조로 변화한 요인으로는 급격한 산업화와 이에 따른 핵가족화를 들 수 있다. 산업화와 핵가족화의 진전으로 일본인들은 개인주의적인 서구의 가치관을 받아들이게 되었던 것이다.

현재 새로 건축되는 단독주택의 80퍼센트는 서양식 화장실, 거실, 부엌 등이 있고 그 중에 60퍼센트 이상이 미닫이문보다 서양식 문으로 되어 있다. 개인의 프라이버시를 중요하게 여기는 사회풍조의 영향을 받았다는 것을 알 수 있다.

제8장
목욕 문화

8.1

일본인과 목욕

a. 목욕의 역사

 일본 고대 불교 사찰에는 온실溫室이라는 욕탕이 있었다. 이는 목욕을 함으로써 7가지 병을 물리치고, 7가지 복을 얻는다는 불교의 가르침에 따른 것이다. 사찰은 수행하는 승려는 물론 일반인들에게 욕실을 개방하였는데, 이것이 일본 대중목욕탕의 기원이 되었다.
 욕실을 이용하는 사람이 많아지자, 사원은 약간의 이용료를 받기 시작하였다. 여기에서 착안한 업자들이 헤이안 시대에 벌써 대중목욕탕을 개설해 영업을 하였다. 그 후 가마쿠라 시대를 거쳐 무로마치 시대에 이르면 교토와 같은 대도시에는 상당수의 목욕탕이 영업을 하게 되었다. 부유한 사람들은 자신의 저택에 목욕탕을 설치하기도 하였다.

에도 시대에는 전국 각지 유명한 도시마다 센토錢湯, 즉 대중목욕탕이 영업을 하게 되었다. 에도 시대 서민들은 대부분 센토에서 목욕을 하였다. 당시의 센토인 도다나목욕탕戶棚風呂은 무릎이 잠길 정도의 물에 하반신을 담그는 반신욕 탕이었다. 남녀가 함께 목욕하는 혼탕이었다.

메이지 시대에 들어서면서 센토의 규모는 가로세로 10자, 깊이 4자였다. 오전 6~7시경에 목욕탕 지붕에 연기가 올라가면 목욕물이 데워졌다는 신호로 이것을 확인하고 사람들이 센토로 발걸음을 옮겼다. 다이쇼大正 시대에 보일러식 소토가마(外釜, 목욕통과 떨어져 설치된 목욕물을 끓이는 가마솥)가 등장하면서 센토가 대형화되었다. 집안에도 목욕탕이 설치되었다.

b. 가정에서의 목욕

일본은 원칙적으로 화장실과 목욕탕이 분리되어 있다. 욕조는 직사각형이나 정사각형의 모양을 하고 있고, 서양식 욕조보다 깊다. 전형적인 일본 욕실은 사람이 앉으면 목까지 잠길 정도로 깊다. 순간온수기로 온수를 받기도 하고, 벽에 붙어 있는 가스버너로 물을 끓여 쓰기도 한다.

일본식 목욕탕을 이용할 때 가장 주의해야 할 것은 몸을 씻은 다음에 욕조 안에 들어가야 한다는 것이다. 욕조 안의 물은 다른 사람도 이용하기 때문에 깨끗하게 사용해야 한다. 욕조의 물이 따뜻해지면 아버지부터 시작하여 어머니 자식들 순서로 그 물을 사용한다. 단, 손님이 오면 미리 받아 둔 물을 먼저 사용하게 한다. 욕조를 사용한 후에는 물이 식지 않도록 플라스틱 덮개를 덮어놓아야 한다.

c. 대중목욕탕

대중탕은 센토라고 불리며 영업을 하고 있을 때에는 입구에 노렌(暖簾: 상점 입구에 가게이름이 새겨진 천을 걸어놓은 것)을 걸어놓는다. 노렌에는 히라가나로 '유ゆ'자가 쓰여 있는데 뜨거운 물, 즉 탕湯이라는 뜻이다. 영업시간은 오후 4시쯤부터 밤 12시경까지이다. 입구, 탈의장, 욕탕은 남녀 따로 되어 있다. 우리나라 대중탕에 비하면 일본의 경우는 비교적 영업시간이 짧은 편이다.

일본 대중탕의 경우 신을 신발장에 넣고 안으로 들어가면 남자 탈의실과 여자 탈의실 한가운데 '반다이番台'라고 하는 요금 내는 곳이 있다. 목욕탕 주인이 이곳에 앉아서 돈을 받는데, 남녀 탈의실 안이 동시에 보이도록 되어 있는 곳이 많다. 일본인들은 비누로 몸을 씻고 탕

속에 들어간 후, 때를 밀지 않고 밖으로 나와 머리를 감으면 목욕이 끝나기 때문에 목욕 시간이 짧은 편이다. 목욕을 할 때는 물이 옆 사람에게 튀지 않도록 신경을 쓴다. 모르는 사람에게 등을 밀어달라고 하는 모습을 찾아보기 어렵다.

반다이

8.2 목욕 문화의 발달 배경

　일본에서 목욕 문화가 발달하게 된 배경으로 첫째, 여름철에 덥고 습기가 많은 기후가 가장 큰 원인이라 할 수 있다. 일본은 섬나라 특유의 기후로 장마가 길고 무덥기 때문에 불쾌감을 없애기 위해 자주 목욕을 하다 보니 자연스럽게 목욕 문화가 발달하게 되었다. 둘째, 일본은 화산 활동이 활발해서 지진도 자주 발생하지만 화산 지역에는 유명한 온천이 많아서 목욕을 즐길 수 있는 환경이 조성되었다. 셋째, 많은 일본인들은 저녁에 가벼운 샤워보다는 욕조에 담긴 따뜻한 물에 몸을 담그며 목욕을 한다. 이는 온돌처럼 바닥이 따뜻하지 않은 다타미 방에서 생활하기 때문에 저녁에 목욕을 해서 몸을 따뜻하게 할 필요가 있었다. 일본에는 어깨 결림에 시달리는 사람이 많은데 뜨거운 물에 통증 부위를 담그면 통증이 다소 완화되기도 한다. 넷째, 고온 다습한 환경을 극복하기 위해 목욕을 하고, 곰팡이를 방지하기 위해 통풍에 신경을 쓰면서 일찍부터 청결 의식에 눈뜨게 되었다.

8.3

온천의 나라

a. 료칸

일본 전통 가옥의 풍미를 즐길 수 있는 료칸旅館은 숙박 요금이 비싼 편이다. 온천에 가면 호텔이나 료칸에서 숙박하는 경우가 많다. 료칸은 한자 그대로 여관인데, 우리나라의 여관과는 규모와 품격이 다르다. 료칸은 다타미, 후스마, 쇼지, 정원의 조경, 실내장식 등 모든 면에서 일본 전통 가옥의 느낌이 난다. 더욱이 저녁 밥상을 방에 직접 차려 주는데 값이 비싸지만 일본 고유의 다양한 음식을 맛 볼 수 있다.

료칸은 보수적인 성향이 강해서 호텔과는 달리 외국어가 잘 통하지 않는 경우가 많다. 손님 역시 품격 높은 서비스를 받으며 조용하게 쉬고 싶어 한다. 최근에는 일본 정부가 관광산업 육성을 과제로 내세워 외국인 관광객을 유치하기 위해 노력을 하고 있다.

료칸의 실내

b.혼욕

혼욕混浴은 일본의 풍습이고, 료칸에 내탕內湯이 없었던 시절에는 손님들이 자연스럽게 노천의 공동탕에서 혼욕을 하였다. 그렇다고 일본의 모든 목욕탕에서 혼욕을 하였던 것은 아니다. 남녀가 따로 들어가는 별탕別湯도 있었다. 12~13세 된 계집애가 남탕에 들어가면 모친이 꾸짖기도 했으며, 양가집 규수들은 집에서 목욕을 하거나 여성 전용탕에 가는 경우가 많았다. 하지만 에도 시대의 대중목욕탕은 출입구가 어두워서 남녀가 은밀히 만나기 쉬웠고, 이에 따라 풍기문란 행위가 빈번

했던 것은 사실이다.

일본의 혼욕 문화가 유교적 관념이 투철한 한국인이나 프라이버시를 중시하는 서양인의 눈에 어떻게 비춰졌는지 알 수 있는 기록이 있다. 18세기 초 통신사였던 신유한申維翰은

로템부로

저서 『해유록海遊錄』에서 남녀가 혼욕하는 장면을 보고 매우 충격을 받았다고 기록하고 있다. 또한 일본이 서양 문물을 받아들이기 시작한 메이지 시대 이후, 일본을 찾은 외국인들은 남녀가 사이좋게 목욕하는 센토 풍경을 보고 일본인은 부도덕한 민족이라고 생각하였다.

메이지 시대 일본 정부는 혼욕을 전근대 사회의 구습으로 규정하여 매우 엄격하게 통제했고, 이를 위반하는 경우에는 영업정지 처분을 내리기도 하였다. 일본에서 혼욕이 없어진 것은 1890년 7세 이상부터는 혼욕을 금지한다는 법령이 내려지고 나서부터였다. 1993년에는 여관 내의 목욕탕도 혼욕 금지라는 법률이 제정되었다.

유명한 관광지인 아타미熱海나 닛코日光의 가와지川治 등에는 로템부로露天風呂라고 하는 노천목욕탕이 있다. 이런 대형 로템부로는 남녀 혼탕이기는 하나 목욕 타올이나 수영복을 걸치고 물에 들어가도록 되어있다.

제9장
종교

일본인들이 무종교라고 대답할 때는 특정종파의 신자가 아님을 말하는 것이다. 기독교 등에서 말하는 무신론자를 의미하는 것이 아니다. 요즈음에도 일본인은 집안에 신사에서 조상신을 모시는 가미다나와 불교에서 조상신을 모시는 불단을 함께 설치하는 경우가 많다. 대다수 일본인들은 출생이나 결혼 의식은 신도식으로 하고 장례는 불교식으로 치른다. 정월 초하루에는 신사에 가서 하쓰모데初詣를 올리고 오본お盆에는 절에 가서 참배하며, 크리스마스에는 예수의 탄생을 축하하며 캐롤송을 부른다. 민간신앙적인 특성이 강한 지역의 일본인들은 마쓰리 행사에 참가한다. 일본인이 이렇게 다양한 종교 행사에 참여하는 것은 전통적인 생활 관습으로 이해해야 할 것이다.

9.1

신도

신도神道는 일본 고유의 토착 신앙으로 자연에 대한 숭배심이 종교로 발전한 정령 신앙, 즉 애니미즘animism의 일종이라고 할 수 있다. 초기에는 자연물과 자연현상을 신으로 삼았지만, 점차로 각 가정이나 그 지방의 수호신을 받들게 되었다. 이윽고 그 지역의 지도자나 조상의 영혼을 받들게 되면서 종교로 발전하게 된 것이다.

일본인 가정에서 정월에 '가도마쓰'를 세우고, 3월 3일의 히나마쓰리, 7월 7일의 다나바타마쓰리, 그리고 집을 지을 때 행하는 지진제地震祭 등과 같은 습속은 모두 신도 의례라 할 수 있다. 궁정에서도 설날에 동서남북 사방에 절을 하는 사방배四方拜를 시작으로 계절마다 많은 제사를 지내는데, 이것도 모두 신도식 의례이다.

신도라는 용어는 720년에 편찬된 『니혼쇼키日本書紀』에 처음으로 등장한다. 처음에 신도는 종교의식, 신, 신사神社 등을 의미하였는데, 12세기 후반부터 특정 종교를 표현하는 용어로 사용되기 시작하였다.

7세기 이전의 왕족과 귀족들은 신도적 의식을 통하여 정통성을 확보하였다. 나라奈良 시대와 헤이안 시대에는 체계적인 교의와 의식을 갖추게 되었다. 처음에는 불교와 마찰을 빚기도 했으나 신불습합神佛習合이 이루어지면서 신도와 불교가 공존하게 되었다. 18세기에 들어서면서 국학國學 운동의 영향으로 신도의 교의가 재확립되었다.

메이지 시대 초기에 배불 운동이 전개되면서 신불神佛 분리가 추진되었고, 신사에서 국가의 제사를 주관하며 국가신도의 기틀을 마련하였다. 메이지 정부가 천황주권 국가시스템을 만들면서 천황을 신격화하였다. 이를 위하여 메이지 정부는 천황의 조상신을 숭배하는 신도를 사실상 국교로 정하였다. 신사는 국가의 보호를 받았고, 신도의 교의가 교육기관에서 교육되었다. 그러나 태평양 전쟁 이후에 국가신도가 폐지되었다.

a. 신사

신사는 천황가의 조상이나 신화에 등장하는 신, 각 지역에서 받들어지던 신, 역사적 인물 등을 모시는 신전이다. 사원과 다른 점은 신사의 입구에 붉은 색으로 칠한 도리이鳥居라는 문이 있다는 점이다. 도리이는 두 개의 원통형

메이지 신궁의 도리이

기둥 위에 직사각형의 들보가 가로로 두 개 얹혀 있는 것이 특징이다. 첫 번째 가로대는 기둥의 양쪽 끝을 지나 바깥까지 뻗어 있고, 두 번째 가로대는 그보다 약간 아래쪽에 걸쳐져 있다. 도리이는 신성한 공간과 속세를 구분하는 경계라고 할 수 있는데, 산이나 바위에 세워 그곳이 신성한 장소임을 표시한다.

신사의 종류에는 신궁神宮, 대사大社, 사社 등이 있다. 신궁은 왕실과 관계가 있는 신을 모신 신사, 대사는 국가가 지정하고 관리하는 신사, 사社는 신궁이나 대사에 속한 규모가 작은 신사를 말한다.

신사의 본전에는 신령이 깃들어 있는 신체神體가 있다. 본전 앞에는 예배를 드리는 배전拜殿이 있고, 신관神官이 이곳에서 의식을 행한다. 참배하는 사람은 손뼉을 치고, 배전의 기둥에 매달려있는 두꺼운 밧줄을 당겨 종을 울려 본전에 모셔져 있는 신에게 그의 존재를 알린다. 참배자는 특별한 의식이 있을 경우에만 배전까지 올라가는 것이 허락된다. 본전에는 신직자神職者만 오를 수 있다.

b. 제신

현재 종교 법인으로 되어 있는 일본의 신사 총수는 약 8만 1천 개 정도이다. 그 중 신사 본청本廳이 통할하는 신사가 7만 9천 개, 그렇지 않은 신사가 2천 개 정도이다. 종교 법인으로 등록되어 있지 않은 사당祠堂까지 포함하면 13만개가 넘는다.

신사에는 제신祭神이 모셔져 있는데, 제신을 분류해 보면 신화에 등장하는 신, 민간 신앙의 신, 해외에서 도래한 신으로 나누어 볼 수 있다. 바다의 신, 우물의 신, 바람의 신, 나무의 신, 산의 신, 들의 신, 새의 신, 불의 신, 농산물의 신처럼 자연현상을 인격화한 신들이 대부분이다.

일본의 신들은 각각 역할이 다르다. 가내평안, 출세개운, 학업성취, 교통안전, 상업번창, 풍어豊漁, 질병치유 등을 주관하거나 담당하는 신이 다르다.

전국에 산재한 신사의 대부분이 이나리稻荷 신사와 하치만八幡 신사, 신메이神明 신사 계통이다. 이나리 신사가 약 3만개, 하치만 신사가 약 2만 5천개나 된다. 이나리 신사는 교토의 후시미伏見에 있는 이나리 대사가 총본산이다. 전국에 분포되어 있는 이나리 신사는 이곳에서 신을 모셔다가 받들고 있다. 이나리 신사는 원래 오곡 풍요를 담당했던 농업신이었는데 지금은 사업번창을 주관하는 상업의 신으로서 인기가 있다. 전후 고도 경제성장 정책에 성공하여 경제대국이 되는 과정에서 많은 기업인과 상인들이 찾았던 신사이다.

하치만 신사는 규슈 오이타현大分縣의 우사宇佐 신궁이 총본산이다. 이 신사의 제신은 오진應神 천황과 진구神功 황후이다.『니혼쇼키』에 따르면 진구 황후는 신라를 정벌하고 개선한 지도자로 오진 천황의 어머니이다. 그래서 하치만 신은 활과 화살의 신, 즉 전쟁의 신이 되었다. 하치만 신사는 메이지 이후 전쟁 때마다 출정하는 병사의 무운장구와 국가의 안녕을 빌었다.

세태를 잘 반영하고 있는 유행신으로서 천신신앙天神信仰을 들 수 있다. 천신을 모시고 있는 덴만天滿궁은 전국에 약 1만개가 있다. 이 신은 10세기 무렵에 우대신右大臣을 지낸 스가와라 미치자네菅原道眞라고 하는 역사적인 인물이다. 스가와라는 당시 모략에 의해서 지금의 규슈 후쿠오카로 쫓겨나 그 곳에서 죽었는데, 그의 원혼을 달래기 위해 지은 신사가 덴만궁이다. 이 신은 학문・문화의 수호신인데 대학입시가 어려워지면서 수험생들에게 인기를 모으고 있다. 교토의 기타노北野 덴만궁, 후쿠오카의 다자이후太宰府 덴만궁, 오사카 덴만궁 등이 특히 유명하다.

신도에서는 역사적인 인물도 신이 될 수 있기 때문에 앞으로도 일본의 신은 늘어날 것이다. 매년 정초에 행하는 첫 참배지로서 유명한 메이지 신궁은 메이지 천황을 모시는 신사이다. 정월의 참배객이 300만을 넘는다. 러일전쟁 때 일본해전에서 러시아의 발틱 함대를 전멸시켜 전쟁을 승리로 이끈 해군 대장 도고 헤이하치로東鄕平八郞, 또 같은 시기에 제3군 사령관으로서 중국의 여순旅順을 공략했던 육군대장 노기 마레스케乃木希典는 죽은 후에 신이 되어 신사에 모셔졌다. 조선을 침략했던 도요토미 히데요시豊臣秀吉도 신이 되어 도요쿠니豊国 신사에 모셔져 있다.

9.2

불교

a. 고대의 불교

538년 백제 성명왕聖明王은 일본에 불상과 불경을 전하였다. 쇼토쿠聖德 태자는 호류지法隆寺, 시텐노오지四天王寺 등 많은 사원을 건립하였다. 그는 불교가 일본에 정착하는데 초석을 놓았다.

쇼토쿠 태자가 사망한 후 불교가 급성장하였다. 그러나 불교에 대한 조정朝廷의 통제가 강화되었다. 승려가 되려면 조정의 허가를 얻어야 했고, 연간 출가자 수도 제한되어 있었다. 승려가 마음대로 서민을 교화해서도 안 되었다. 승려는 사원에 머물면서 『금광명경』, 『법화경』

등 이른바 호국경전을 독송하여 국가의 안녕과 풍년을 기원하도록 하였다. 한편 조정은 불교를 보호하였다. 사원을 건립하고, 승려들이 안심하고 생활할 수 있도록 경비를 지원하였다.

8세기 말에 사이초最澄와 구카이空海라는 승려가 출현하여 불교는 한 단계 발전하였다. 사이초는 20세 때 도다이지東大寺에서 수계를 받은 후 히에이잔比叡山으로 들어가 17년간 수행에 전념하였다. 그는 모든 불교의 교리는 『법화경』의 가르침으로 귀일한다고 가르쳤다. 사이초는 805년에 당唐으로 건너가 천태대사 지의智顗를 사사한 후 귀국하여 일본 천태종을 창시하였다.

구카이는 사이초와 같은 배를 타고 당으로 건너가 혜과惠果에게서 밀교인 진언종을 전수받았다. 그는 귀국하여 고야산高野山에 일본 진언종을 창시하였다. 진언종은 가지기도加持祈禱를 통해 질병과 액운을 물리쳤다. 구카이는 관개용수 확보, 교육기관 설립, 문화예술 진흥 등 여러 방면에 걸쳐 현실 사회 문제를 해결하는데 앞장섰다. 많은 귀족들과 서민들이 진언종에 귀의하였다.

b. 가마쿠라 신불교

(1) 정토종

10세기 중기부터 정토신앙이 널리 퍼졌다. 지옥과 극락정토의 정경을 적나라하게 묘사한 겐신源信(942~1017)의 『오조요슈往生要集』가 설해지면서부터 말법사상이 민중들 사이에까지 보급되었다. 이리하여 민중들은 불경을 베끼고 염불을 외우면서 극락왕생을 기원하였다. 이윽고 가마쿠라 시대에 들어서면서 민중들이 받아들이기 쉬운 정토신앙의 새로운 교리가 형성되었다.

겐신은 극락왕생하려면 먼저 스스로 노력해야 한다고 말했다. 염불은 보조적인 역할을 하는 것이라고 보는 입장이었다. 그러나 호넨法然(1133~1212)은 인간이 스스로의 힘으로 극락왕생하는 것이 아니라 오직 아미타여래의 힘에 의해서만 왕생할 수 있다고 보는 타력본원他力本願의 입장을 분명히 하면서 정토종淨土宗을 세웠다. 그는 전수염불專修念佛을 제창하였다. 전수염불은 실천하기 쉬운 수행법이었으므로 순식간에 전파되었다. 그러나 정토종이 발전하자 기성 교단이 경계하였다. 호넨의 정토종은 조정의 탄압을 받게 되었다. 호넨은 1207년 도사土佐에 유배당했다.

(2) 정토진종

호넨의 제자였던 신란親鸞은 정토진종淨土眞宗을 세웠다. 신란은 호넨보다 타력왕생을 더 철저하게 추구하여 절대타력을 설하였다. 신란은 인간에게는 원래부터 왕생을 추구하는 보리심이 없을 뿐만 아니라, 왕생을 위해 적극적으로 노력할 만한 능력도 없다고 주장하였다. 그래서 인간은 자기 자신에 대한 깊은 반성과 죄에 대해 철저히 자각해야 한다고 말했다. 그래서 믿음을 중요시하였다.

신란은 환속하여 일생을 속인으로 지냈다. 그는 이런 자신의 입장을 비승비속非僧非俗이라고 불렀다. 신란은 출가 승려가 보시에 의존해 생활한다는 불교의 기본 입장에 대해서도 부정적이었다. 이런 딜레마를 해결하기 위한 돌파구로 나온 것이 비승비속이라는 입장이었다. 정토진종은 오늘날에도 일본인들 사이에서 가장 많이 신앙되고 있는 불교 종파이다.

(3) 시종

잇펜一遍(1239~1289)은 독특한 포교방식을 펼쳤다. 그는 전국을 편력하면서 '나무아미타불'이라고 써진 얇은 책 모양의 부적을 사람들에게 나누어 주면서 왕생을 약속하였다. 그는 누구에게나 부적을 나누어 주었다. 그것은 모든 사람이 왕생할 수 있으며, 인간의 왕생은 십겁十劫

의 먼 옛날에 아미타불의 본원에 의해 이미 결정되었다는 깨달음에서 비롯된 포교 방식이었다. 어느 날 잇펜은 신자들과 함께 염불을 외우던 중 부지불식간에 춤을 추게 되었는데, 이것이 오도리넨부쓰踊り念仏의 시작이었다. 잇펜의 타력신앙은 신란의 그것보다 철저하였다.

(4) 일련종

니치렌日蓮은 『법화경』에 대한 절대적 신앙을 확신하였다. 1260년에는 『입정안국론立正安國論』을 저술하여 가마쿠라 막부에 헌상하였다. 이 상소문에서 니치렌은 당시에 기근, 대지진, 역병 등의 천재지변이 잇달아 일어난 까닭은 막부를 비롯하여 사람들이 법화경을 믿지 않기 때문이라고 주장하였다. 그는 막부에 다른 종파의 염불을 금지하고 법화경을 믿을 것을 건의하였다. 만일 그렇게 하지 않으면 머지않아 타국의 침략을 받아 일본이 멸망하게 될 것이라고 예언하였다. 막부는 니치렌을 두 차례나 유배 보냈다.

일련종의 가장 큰 특징은 불교의 구제가 개인에 머물지 않고 사회와 국가에까지 미쳐야 한다고 설한 점에서 찾아볼 수 있다. 그는 법화경 절대주의에 의해 이상국가를 실현하고자 했던 것이다. 이와 같은 니치렌의 국가주의는 일본 근대기에 민족주의적인 니치렌주의日蓮主義로 나타났고, 오늘날 일본 사회에서 가장 큰 세력을 자랑하는 창가학회創價學會 등과 같은 신종교에 의해 끊임없이 재생산되었다.

(5) 선종

선종은 가마쿠라 시대 이전부터 들어와 있었지만, 그것이 독립된 종파로 성립된 것은 임제종臨濟宗의 창시자 에이사이栄西(1141~1215)에 의해서이다. 에이사이는 송나라에 유학하여 임제선臨濟禪을 깨우쳐 귀국한 뒤 교토에 겐닌지建仁寺를 세우고 선을 전파하였다.

가마쿠라 시대의 무사들은 전투에 필요한 정신력을 배양하기 위해 선 수행에 높은 관심을 보였다. 이로써 선불교는 일본의 무사도 형성에 일익을 담당했으며, 이 밖에 다도, 회화, 문학 등 일본의 문예사조에도 적지 않은 영향을 끼쳤다.

에이사이의 제자 도겐道元(1200~1253)은 20대에 송나라에 유학하여 깨달음을 얻었다. 그 후 심신탈락(心身脫落: 몸도 마음도 없어져 깃털처럼 가벼워진 상태)이야말로 참선 수행의 목적이며, 이를 위해서는 지관타좌(只管打座: 전적인 좌선)를 해야만 한다고 주장하였다. 그가 창시한 일본 조동종曹洞宗은 좌선수행을 중시하게 되었다.

c. 현대 불교

일본의 현대 불교는 사람들의 내면적인 신앙생활에 충분히 부응하지 못하고 있는 실정이다. 사원의 토대가 되었던 단카檀家 제도도 점차 그 기능이 약화되어 가는 추세이다. 단카 제도는 에도 막부가 시행했던 불교에 대한 강력한 통제정책으로 정착되었다. 막부는 사원법도(寺院法度 : 사원이 지켜야만 하는 규칙을 정한 법률)라고 하는 일련의 법령들을 지속적으로 발포하였다. 이로써 단카 제도라는 에도 시대 특유의 시스

일본의 묘지

템을 확립, 불교계를 완전히 장악했을 뿐만 아니라 기독교를 철저하게 탄압하는 데 성공하였다.

　에도 시대를 걸쳐 완성된 단카 제도는 역설적으로 불교가 가지는 종교적 활력을 상실하게 하였다. 그 이후 일본인들은 특정한 절에 소속되게 되었다. 경제적으로 안정한 불교는 종교 본래의 기능인 수행을 게을리하게 되었다. 그래서 이때부터 일본 불교를 장례식 불교라고 부르는 사람도 있다. 현대 일본인들도 장례와 법요만 불교사원에 위탁할 뿐, 종교적 신앙은 신종교 등에 의지하는 경우가 많다.

9.3

기독교

a. 기독교의 전래

일본에 크리스트교가 전래된 것은 전국 시대인 1549년이다. 스페인의 예수회 선교사 프란시스코 자비에르는 가고시마鹿兒島에 상륙하였다. 자비에르는 예수회를 처음 창설한 사람 중의 하나이다. 그는 일본을 왕래하는 상인들로부터, 일본은 이슬람교도도 유대인도 없는 선교의 천국이라는 이야기를 듣게 되었다. 당시 인도에 머물고 있던 자비에르는 동아시아의 첫 번째 선교 활동지로 일본을 선택하였다.

자비에르는 가고시마를 떠나 히라도平戶, 야마구치山口, 교토京都, 오이타大分 등의 지역을 전전하면서 약 700명에게 세례를 주는 등 적극적인 전교 활동을 하였다. 자비에르가 전교를 시작한 지 30년 만에 크리스트교 신자는 10만 명에 달하였다. 이렇게 급격히 신자 수가 증가한 것은 당시의 권력자 오다 노부나가織田信長의 보호가 있었기 때문이다. 당시 노부나가는 자신에게 적대하는 불교의 세력을 타도하고 통일의 꿈을 실현하기 위해 기독교를 적극 활용할 필요가 있었다.

자비에르

노부나가가 죽은 후 권력을 장악한 도요토미 히데요시도 처음에는 기독교의 포교도 인정하고 있었다. 그러나 히데요시는 기독교에 귀의한 다이묘가 나가사키長崎를 예수회에 기부했다는 사실을 알고 선교사들을 국외로 추방하였다. 하지만 전교 활동을 철저하게 금지하기가 어려웠다.

1603년 도쿠가와 이에야스가 천하를 통일하자, 기독교가 전파되면 스페인과 포르투갈이 침략해 올 수 있다는 위기감이 확산되었다. 1612년 에도 막부 직할령에 금교령을 발포하였고, 1613년에 크리스트교를 본격적으로 탄압하기 시작하였다. 기독교 신자를 적발하는 방법으로 후미에踏み絵를 강화하였다. 막부는 예수나 마리아의 그림을 땅

에다 놓고 지나가는 행인들로 하여금 밟고 지나가도록 명령하여 밟기를 거부하거나 머뭇거리는 사람이 있으면 곧바로 기독교신자로 간주하여 처벌하였다.

또한 사원이 단가檀家임을 증명하는 데라우케寺請 제도를 두어 모든 일본인을 불교로 개종하게 하는 등 기독교에 대한 엄격한 감시를 지속하였다. 이러한 박해를 통해 20만 명이 넘는 기독교 신자들이 목숨을 잃었고, 박해를 피한 소수의 신자들은 '가쿠레 기리시탄'이 되어 신분을 숨기고 살아야 하였다. 그들은 가혹한 박해를 피해 숨어 살면서, 자신의 신앙을 숨기기 위해 십자가 뒤에 관음상을 새겨 숭배하는 신앙 활동을 하였다.

후미에

b. 근대의 기독교

1868년 메이지 정부는 막부의 기리시탄 금지 정책을 계승하였다. 정부는 나가사키 우라카미浦上의 '기리시탄'을 적발하였다. 이때 정부는 '기리시탄' 3,380명을 분산 감금하고 종교를 포기하도록 강요하였다. 이 사건이 외국에 알려져 비난이 빗발치자, 정부는 1873년 기독교 금지 방침을 철회하였다.

기독교 금령이 해제된 후 가톨릭 교회, 프로테스탄트 교회, 러시아의 동방정교회 등은 각기 일본 진출을 꾀하였다. 그 중에도 특히 프로테스탄트계의 활약이 두드러졌다. 1880년대에 최초로 프로테스탄트의 전국적인 발전기를 맞이하였다. 기독교 신자 수가 증가하고, 교세는 지방 도시, 농촌에까지 확산되었다.

그러나 유일 신앙을 강조하는 기독교는 다신교적인 일본의 전통적인 신앙관과 충돌을 일으켰다. 1890년 천황제에 입각한 국가주의가 힘을 얻으면서 기독교에 배타적인 일본인들이 증가하였다. 또한 당시 천황은 '아라히토가미現人神', 즉 살아있는 신이라는 사상이 부활되었다. 기독교는 이러한 시대적인 정치 상황과 맞물려 일본에서 적극적인 전교 활동을 할 수 없었다.

일본인들 중에서 고등교육을 받았거나 서구 문화의 정신적 의미를 이해하고 있던 일부 사람이 기독교에 귀의하면서 미약하나마 교세를 유지하고 있었다. 그러나 이 같은 기독교의 발전도 일본이 급속하게 군국주의의 길로 나아가게 되면서 벽에 부딪히게 되었다. 1937년 중일 전쟁이 일어나자 일본 기독교의 주류는 침략 전쟁에 협력하였고, 심지어는 황도皇道 기독교를 주창하기도 하였다. 전후 일본 기독교는 점령국의 지원 하에 의해 발전하는 듯했으나, 점령이 종식되면서 다시 침체기로 접어들었다.

c. 현대의 기독교

1946년 제정된 신헌법에 의해 종교의 자유가 보장되었다. 일본의 교회는 세계 가톨릭 교회의 원조를 배경으로 교육과 사회사업 등 많은 성과를 이루어 냈다. 패전 후 일본을 점령한 미군은 일본인들에게 민주주의를 선전하고 기독교를 지원하였다. 그래서 한때 기독교 붐이 일어났다. 1950년 한국전쟁이 발발하고, 일미 군사협력과 일본 재무장 움직임이 일어나자 기독교는 평화운동을 전개하였다. 그 후 기독교 본래의 정체성을 회복하려는 기독교의 노력은 오늘날까지 계속되고 있다. 현재 일본의 기독교 신자는 구교와 신교를 합쳐 196만 명에 지나지 않는다. 그러나 크리스트교 신자가 일본 사회에 미치는 영향력은 무시할 수 없다.

제10장

축제와 놀이

10.1

마쓰리

a. 마쓰리의 의미와 기능

마쓰리祭는 '종교적 행위'라는 뜻의 마쓰루祭る와 같은 어원을 지닌 말로, 말하자면 일본식 축제를 의미한다. 넓은 의미의 마쓰리는 종교적 의례 전반을 가리키는 말이다. 그러니까 마쓰리는 영어의 rite, ceremony, festival에 해당되는데, 의례儀禮, 의식儀式, 식전式典, 축제祝祭라는 뜻이기도 하다.

원래 마쓰리는 경사스러운 축제뿐만 아니라 장례나 제사, 병을 치료하는 의례, 재앙을 초래하는 신을 달래는 의례, 부정을 씻는 의례 등을 포함하는 말이었다. 하지만 많은 사람이 모여서 술과 음료를 대량으로 소비하면서 놀이판으로 인식되게 되었다. 마쓰리는 본래 종교적 의식이었으나 많은 사람이 모이는 흥겨운 분위기가 강조되면서 종교적 의미가 없어졌다. 근년에는 상업적 목적의 특별 판매 기간이 '○○마쓰리'라는 식으로 변질되었다.

마쓰리는 전통적인 격식에 맞추어 준비하고 진행된다. 개인이나 집단 사이에 대립이나 반목이 있다고 해도 마쓰리 기간 중에는 일시적으로라도 적대하지 않는 것이 일본의 전통이다. 따라서 마쓰리는 그 집단의 내부적 결속을 강화하는 기능이 있다.

b. 마쓰리의 종류

(1) 마을 단위 마쓰리

전국 각지에서 열리는 마쓰리는 누가 주관하는가에 따라서 성격이 달라진다. 예를 들어 동족 집단이 주관하는 경우, 국가가 주관하는 경우, 왕실에서 주관하는 경우, 신사에서 주관하는 경우 등도 있지만, 일반적으로 많은 사람이 참여하며 개방적이고 축제적인 분위기로 진행되는 경우는 마을이나 도시 단위로 개최하는 마쓰리이다.

촌락이나 도시의 마쓰리는 지역을 개척한 씨족의 신이나 특별한 신화를 지닌 수호신을 받드는 행사이다. 마을 단위의 마쓰리는 규모도 크지 않고 화려하지도 않다. 내용도 단순하며 참가자도 그렇게 많지 않다. 하지만 마쓰리를 준비하는 과정이나 행사에 마을 사람들이 적극적으로 참여하고 있다.

(2) 신사에서 주관하는 마쓰리

신사에서 주관하는 마쓰리는 전국적으로 이름이 알려진 신사이거나 많은 말사末社를 거느린 규모가 큰 신사가 중심이 된다. 이런 신사에서 마쓰리가 열릴 때는 전국에서 사람들이 모여든다. 근년에 이런 마쓰리가 관광의 대상이 되면서 많은 사람이 모이는 대규모 마쓰리로 발전되었다. 유명한 신사의 마쓰리는 오랜 전통과 풍부한 재력을 배경으로 화려하고 규모가 크게 진행된다.

교토의 기온마쓰리는 유서 깊은 야사카八坂 신사를 중심으로 전개되는데, 관광객만 300만 명 이상 참가하는 대규모의 마쓰리이다. 그러나 이 마쓰리의 준비와 진행을 담당하는 사람들은 교토 시내에 거주하는 야사카 신사의 신도들이며, 외부 사람들은 마쓰리에 적극적으로 참여할 수 없다. 기온 마쓰리의 전통은 일부 주최자들의 노력으로 전승되어 오고 있는 것이다.

c. 전형적인 마쓰리

(1) 하라이와 미소기

일본에서 전승되고 있는 마쓰리는 각기 다른 신화적 배경과 방식을 지니고 있지만, 그 내용을 살펴보면 유사한 구조를 갖추고 있음을 알 수 있다.

마쓰리가 시작되면 부정을 씻기 위해 주위를 청결히 한다. 그리고 신을 모셔다가 음식과 음악으로 대접하여 즐겁게 한 뒤에 인간들의 소원을 빈다. 그 후에 다시 신들을 즐겁게 한다. 이때는 신과 인간이 함께 즐기는 시간이다. 이것이 마쓰리의 기본 구성이다.

마쓰리의 중심이 되는 장소에 실내 또는 실외 제단을 준비한다. 잡된 요소들을 물리치고 제단을 깨끗하게 하는 일을 하라이祓い라고 한다. 하라이는 제단 주위에 물을 뿌리거나 고헤이御幣를 흔들어서 부정을 씻는 단계를 말한다. 고헤이는 신성한 나뭇가지나 종이처럼 얇은 금이나 은, 또는 흰색 종이나 오색 종이를 잘라서 막대에 꿰어 늘어뜨린 의례용 도구이다.

마쓰리를 주관하는 사람 가운데 직접 신을 영접하는 역할을 하는 사람은 자신의 몸을 깨끗이 하여야 한다. 그러기 위해 바닷물이나 강물, 또는 깨끗한 물에 들어가 몸을 씻는데 이를 미소기禊라고 한다.

(2) 신을 대접하는 음식

신을 맞이한 다음에 신에게 정성껏 준비한 음식물을 대접하는데, 이를 신센神饌이라 한다. 신센은 쌀, 소금, 물을 기본으로 하며, 여기에 채소, 과일, 어패류, 떡 등이 첨가된다. 술은 미키神酒라 하며 지방에 따라서 종류는 다르다. 미키는 신이나 천황에게 바치는 술의 경칭으로 오미키御神酒라고도 한다. 현재는 주로 청주清酒를 쓰고 있으나 원래는 탁주濁酒를 썼다.

신센은 신에게 바친다는 뜻에서 제단에 올려놓았다가 나중에 마쓰리에 참석한 사람들이 나누어 먹는다. 이를 나오라이直会라 하는데 신에게 하사받은 음식물을 나누어 먹는 행위를 통해서 참가자들은 일체감을 느끼게 된다.

(3) 마쓰리의 행렬

신센을 바쳐 신을 잘 대접한 후, 신을 가마나 수레에 태우고 시내로 나간다. 신을 모시고 여러 사람이 메고 다닐 수 있도록 만든 가마는 미코시神輿라 하며, 여러 사람이 끌 수 있도록 된 수레는 다시山車라고 한다.

미코시는 신을 모시는 작은 이동용 신전이라고 할 수 있다. 크기는 지역에 따라 다르지만, 적은 것은 10여 명이 멜 수 있는 크기이며, 100

여 명이 메야 할 정도로 큰 것도 있다. 모양은 기본적으로 작은 신전 모양으로 화려하게 장식을 하며, 아래 부분에는 기다란 채를 가로와 세로로 가로질러 매어 여럿이 멜 수 있도록 한다. 미코시는 아무나 멜 수 있는 것이 아니라, 같은 모양의 웃옷을 입고 머리띠를 두른 통일된 복장을 한 그 지역에 사는 젊은이들이만이 멜 수 있다.

다시는 집 모양으로 만들어 지붕을 씌우고 그 위에 창을 꽂으며 인형과 그림으로 장식한다. 다시에는 악사들이 타고 피리, 북, 징 등을 연주하기도 하고, 무동이 타고 춤을 추기도 한다. 다시에는 대개 바퀴 4개를 달며, 규모는 여러 가지가 있어서 작은 것은 10여 명이 끌 수 있고, 100여 명이 함께 끌어야 할 정도로 큰 것도 있다. 높이도 작게는 5~6미터짜리가 있고, 큰 것은 20여 미터에 이르는 것도 있다.

미코시나 다시 행렬이 시내로 들어서면 마쓰리가 절정을 이루는데, 행렬의 구성이나 모양에 각 지방의 특색을 잘 드러내고 있다. 미코시나 다시는 그것 자체가 좋은 구경거리가 된다. 젊은이들이 미코시를 메고 힘차게 행진하는 모습은 보는 사람들에게 활기를 불어넣어 준다. 신의 행렬은 마을 거리나 시가지를 돌면서 주위에 살고 있는 가정이나 상점에 축복을 내린다.

d. 3대 마쓰리

(1) 교토의 기온마쓰리

기온마쓰리祇園祭는 868년 당시 전국에 전염병이 돌자, 이는 교토 시내의 야사카八坂 신사에 모시고 있던 스사노오素戔鳴 신이 노했기 때문이라고 생각한 사람들이 스사노오 신을 위해 대대적인 제사를 지냈다. 이 전통이 970년부터 연중행사로 정착되어 지금의 마쓰리로 자리잡게 되었다.

현재의 기온마쓰리는 야마보코山鉾 순례가 유명하지만, 매년 7월 1일부터 31일까지 한 달 동안 행해지는 마쓰리이며 야마보코 순례는 그 일부에 지나지 않는다. 마쓰리의 절정이 되는 행사는 17일에 교토 시내를 누비는 야마보코의 행렬이다. 교토에서는 다시山車를 야마보코라 한다. 야마보코는 각 동리에서 모시는 마을 수호신의 수레인데, 각 마을 수호신의 신화를 나타내는 모양으로 꾸미고 장식한다. 이 행렬에 등장하는 야마보코는 모두 31개인데, 그 모양이나 크기가 각기 다르다. 야마보코는 수레 위에 누각을 만들고 그 지붕을 뾰족하게 하고, 하늘을 향하여 창이나 나무를 세운다는 것이 특징이 있다. 이 뾰족한 부분을 통하여 신이 강림한다고 믿는 신앙을 바탕으로 형성된 모양이다. 야마보코는 여러 층으로 만들어서 악사와 무동이 탄다. 사방에는 수놓은 융단, 꽃, 구슬 등으로 장식하고, 100여 명의 장정이 밧줄을 걸어 끈다.

각각의 야마보코는 정해진 시간에 정해진 코스를 도는데, 이는 수

기온마쓰리

호신이 거리를 돌면서 사람들에게 축복을 내린다는 의미를 지님과 동시에 즐거운 구경거리를 제공한다. 이 행렬은 교토 시가지를 한 바퀴 도는 데 한나절 걸린다.

(2) 오사카의 덴진마쓰리

덴진마쓰리天神祭는 오사카 덴만天滿궁의 행사로 매년 7월 24일과 25일에 열린다. 덴진은 천둥과 번개를 관장하는 신이자 학문의 신으로서 많은 사람의 신앙의 대상이 되고 있다. 덴진은 헤이안 시대의 실존

인물인 스가와라 미치자네(菅原道真, 845~903)가 죽어서 신이 된 후에 붙여진 이름이다. 미치자네는 헤이안 시대에 저명한 정치가였지만 정적의 중상모략으로 실각되었고, 유배당한 규슈에서 자신이 결백함을 주장하다 죽었다. 미치자네의 혼령은 사후 40년 정도 지나 '덴만다이지자이덴진天滿大自在天神'으로 받들어지게 되었다. 덴진은 일본 전역의 신사에 모셔져 있고 그 신사 수는 일만이 넘는다. 덴진은 일본인에게 있어 가장 친숙한 신의 하나라고 할 수 있다.

마쓰리는 여러 과정을 거친다. 먼저 덴진을 모시고 있는 덴만궁 신사에서 신을 가마에 옮겨 태우는 의식을 치른 후 배로 강을 거슬러 내려온다. 그 다음에는 육로로 시내를 거쳐 신사로 되돌아간다. 신의 가마를 호위하는 배와 호위 행렬이 매우 화려하다. 더욱이 연주되는 음악과 춤이 흥겹기 때문에 이를 보기 위해 나온 사람들이 거리와 강변을 메운다. 덴진마쓰리는 하천이 많고 바닷가가 접한 오사카의 지리적 특성과 관련이 깊다는 것을 알 수 있다.

(3) 도쿄의 간다마쓰리

도쿄의 간다마쓰리神田祭는 5월 15일 전후에 열리는데, 장식물과 미코시가 매우 호사스럽다. 헌책방거리로 널리 알려진 도쿄의 간다 지역에서 열리는 마쓰리는 도쿠가와 이에야스德川家康가 세키가하라関ヶ原 전투에서 승리한 것을 기념하기 위해 연 축제가 기원이 되었다. 에도 시대에는 쇼군이 직접 나와서 이 마쓰리를 참관할 정도로 중요한 행사였다.

간다마쓰리의 주신主神은 간다 신사의 간다묘진神田明神인데, 에도 초기 이래로 에도성의 수호신이자 도쿠가와 쇼군將軍 가문의 수호신이었다. 시대가 바뀌어 쇼군도 자취를 감추었고, 에도성의 기능도 바뀌었지만, 오늘날에도 간다묘진은 도쿄 지역의 수호신이며 간다마쓰리의 주신이다.

이 마쓰리는 원래 31개 다시가 행렬을 지어 시내를 지나는 화려한 장관을 이루었으나, 1923년 관동 대지진과 태평양전쟁 때 다시가 전부 소실되어 버렸다. 그 후 거리에 전신주가 들어서 높은 다시는 전선에 걸려서 거리를 누빌 수 없게 되었다. 그러자 미코시를 새로 만들어 마쓰리를 부활시켰다.

e. 여러 지방의 마쓰리

(1) 도쿄의 산자마쓰리

산자마쓰리三社祭는 매년 5월 도쿄의 아사쿠사浅草 신사와 센소지浅草寺를 중심으로 그 지역의 사람들이 5월 셋째 일요일에 개최하는 마쓰리이다. 산자마쓰리는 두 어부와 관음불을 모신 3개의 큰 미코시가 중

산자마쓰리

심이 되고, 이를 따르는 100여 개의 미코시를 젊은이들이 둘러메고 거리를 행진한다. 센소지 앞 상점가는 에도 시대부터 극장과 유흥가로 번창하였다. 이야기꾼 · 곡예사 · 장난감 · 스모 · 팽이 돌리기 등 서민적인 구경거리가 많은 곳이어서 항상 많은 인파로 붐볐다. 오늘날에도 많은 관광객이 찾아드는 곳이다.

(2) 나가사키의 오쿤치마쓰리

나가사키 시내의 스와諏訪 신사에서는 매년 10월 7일, 8일에 기다

오쿤치마쓰리

란 몸체를 막대기로 받쳐 들고 거리를 누비는 중국풍의 용춤을 볼 수 있다. 이 마쓰리를 나가사키 오쿤치라고 하는데, 경내의 신에게 감사하는 축제이다. 커다란 우산 돌리기, 네덜란드식 코미디, 물을 뿜어대는 고래, 등짐장수의 쇼, 폭죽 등의 볼거리가 많다. 가장 인기를 끄는 행렬은 황금색 비늘을 지닌 용이 폭죽 소리와 더불어 공중을 누비는 용춤인데, 장쾌한 모습의 용춤은 마쓰리의 절정을 이룬다.

용춤은 용이 달아나는 여의주 쫓아가기, 몸을 감은 용이 자신의 몸에 숨겨진 여의주 찾기, 다시 여의주 쫓아가기의 순서로 이루어진다. 이국풍의 용춤이 한바탕 장내의 분위기를 고조시킨 뒤에, 금빛으로 화려하게 단장한 미코시 3대가 행진하는 것으로 마쓰리는 막을 내린다.

규슈의 나가사키는 쇄국 정책으로 외국과 교류가 단절된 에도 시대에도 네덜란드와 중국 상선이 드나들면서 교역했던 특별한 지역이었다. 유럽이나 중국의 문물이 전래되어 일본 문화와 조화를 이루었는데, 그래서 마쓰리에도 다른 지역에서 찾아볼 수 없는 독특한 볼거리가 많다.

(3) 아오모리의 네부타마쓰리

아오모리현青森縣의 아오모리 시와 히로사키弘前 시를 비롯하여 동북 지방 각지에서 8월 초에 네부타마쓰리ねぶた祭り가 열린다. 이 마쓰리는 잠을 쫓는다는 뜻으로 '네무리나가시眠り流し' 또는 '네부타나가시ねぶた流し'라고도 한다. 이 마쓰리는 물과 관련이 깊은 행사로 예전에는 다나바타 행사의 하나로 음력 7월 초에 열렸었다.

네부타란 대나무나 철사로 여러 모양의 틀을 만들고, 거기에 종이를 바르고 색칠을 하여 완성한 이동식 대형 장식물이다. 네부타는 일본이나 중국의 유명한 무사의 모습, 가부키의 등장 인물 모습, 부채 모양, 물고기 모양 등을 본떠 만드는데, 큰 것은 장정 30~50명이 들어야 할 정도의 크기이다. 밤에는 네부타 내부에 등불을 켜서 거대한 초롱처럼 여름밤의 거리를 장식한다.

사람들은 7월 1일 밤부터 6일 밤까지 여러 네부타를 매일 밤마다 불을 켜서 메고 시가지를 행진하며 축제를 벌인다. 네부타에는 네부타

네부타마쓰리

를 메는 사람뿐만 아니라 피리를 부는 사람, 북을 치는 사람, 춤추는 사람 등 100여 명이 한 무리를 이룬다. 마지막 날인 7일 밤에는 '네부타 나가시'라 하여 네부타를 바닷가나 강가로 메고 나가서 물에 떠내려 보낸다. 네부타를 메고 온 청년들은 네부타를 멘 채로 물에 들어가 네부타를 요란하게 흔들다가 물 위에 띄워 보낸다. 네부타에 재앙을 실어 물에 띄워 보내는 것으로 마쓰리 행사를 마무리하는 것이다.

(4) 시모쓰키마쓰리

11월 23일이나 24일에 전국의 농촌에서는 여러 가지 형태의 추수

감사제를 여는데 이를 시모쓰키마쓰리霜月祭라고 한다. 곡물 가운데서도 특히 벼의 수확에 감사하여 공양물로 볏단을 묶어 절구통 위에 올려놓고 논의 신과 조상신에게 감사드린다.

동짓날과 겹치는 이날 일본인들은 팥죽을 쑤어 바깥에 내놓는 풍습이 있다. 사람들은 이날 다이시사마大師樣라고 하는 신이 마을에 찾아온다고 믿고 있다. 다이시사마는 한쪽 다리를 절기 때문에 눈보라가 치는 날이면 눈 위에 한쪽 발자국만 남기고 간다는 신이다. 일본인들은 다이시사마가 드시라는 뜻으로 팥죽을 준비하는 것이다. 팥죽 그릇에는 기다란 젓가락을 얹어 둔다.

(5) 하나마쓰리

아이치현愛知縣의 산간 지방에서는 12월부터 다음 해 1월에 걸쳐서 마을의 수호신을 위하여 화려한 축제를 벌이는데, 이를 하나마쓰리花祭라고 한다. 하나마쓰리는 '하나카구라花神樂' 또는 줄여서 '하나花'라고도 한다.

하나마쓰리의 특징을 잘 나타내는 행사로 신전에서 큰 가마솥에 물을 끓이며 그 하얀 수증기가 힘차게 올라가는 모습을 연출하는 이른바 유다테湯立를 들 수 있다. 유다테는 조리대를 꺾어 그 잎사귀 끝에 끓는 물을 흠뻑 묻혔다가 주위에 힘껏 흩뿌림으로써 주위의 부정을 씻는다. 수증기가 궁중으로 올라가는 모습을 보고 신의 뜻을 알아보기도 한다.

이때 신사의 신전에서는 많은 신도가 모여서 신에게 바치는 음악을 연주하며 춤을 추는데, 이를 유다테카구라湯立神樂라고 한다.

중세 말기에 시작된 이 행사는 산악신앙에 뿌리를 두고 있다. 산속에서 수도하는 야마부시山伏가 이 지역에 하나마쓰리를 정착시켰다. 야마부시는 산속에 들어가 심신을 수련하여 초능력을 얻은 종교 지도자를 일컫는다. 마을 사람들이 그 전통을 굳게 지키면서 오늘날까지 축제로 이어져 오고 있다.

10.2

하나미

일본의 봄이 오는 시기를 알려주는 지표인 벚꽃은 일본 열도의 최남단 오키나와에서는 보통 1월 말에 피고, 홋카이도에서는 5월 말에 피기 때문에 '벚꽃 전선'이라는 용어가 사용되기도 한다. 일본인들은 벚나무 아래서 꽃놀이를 즐기는데, 이것을 하나미花見라고 한다. 벚꽃이 피기 시작할 때 사람들은 꽃구경을 하기 위해 집 근처의 공원으로 모여든다.

원래 하나미는 개인의 취미나 풍류를 위해서 시작된 것이 아니라 농경의례의 일종으로 시작되었다. 하나미는 봄에 가족들이 야외에 가마를 설치하고 불을 피워 음식을 지어 먹으면서 풍년을 기원하던 의례

하나미

였던 것이다. 중세 시대부터 직접 농사를 짓지 않던 귀족들이나 도시민들도 들에 나가 벚꽃을 구경하며 하루를 즐기는 풍습이 뿌리를 내렸다.

현재 도쿄에서 하나미의 명소로 알려진 곳은 스미다가와隅田川 근처에 있는 무코지마向島, 아스카야마飛鳥山, 시나가와品川의 고텐야마御殿山, 우에노 공원上野公園 등이다. 사람들은 좋은 자리에서 하나미를 즐기기 위해 전날 밤부터 미리 진을 치는 등 치열한 자리다툼이 벌어지기도 한다.

10.3

하나비

불꽃놀이는 하나비花火라고 한다. 1613년 도쿠가와 이에야스가 불꽃놀이를 관람했는데, 이를 계기로 도쿠가와 쇼군将軍 가문은 물론 전국의 다이묘들까지 합세하여 하나비 기술자를 스미다가와隅田川에 집결시켜 후원자의 명예를 걸고 솜씨를 겨루게 하였다. 이렇게 시작된 하나비는 서민들의 인기를 끌었다. 초기의 하나비는 지금처럼 쏘아 올리는 형태가 아니라 네즈미 하나비鼠花火나 센코 하나비線香花火처럼 타오르는 불꽃을 감상하는 정도였다.

1732년 일본은 흉작과 질병이 만연하여 수많은 사람들이 죽었다. 그러자 에도 막부의 8대 쇼군 도쿠가와 요시무네德川吉宗는 기근과 역병으로 죽은 영혼을 위로하고 악령을 퇴치하기 위해 료코쿠両国 강에서 수신제水神祭를 지냈다. 수신제는 다음 해에도 열렸는데, 그때 불꽃을 쏘아 올렸던 것이 연중행사가 되어 료코쿠 강 하나비로 정착되었다. 하나비는 마쓰리의 마지막 날, 신을 다시 저세상으로 돌려보낼 때 모닥불을 대신해서 신을 배웅하는 의식의 일종이라고 할 수 있다.

하나비

현재 일본 각지에서는 매년 여름이 시작되는 7월에서 9월 사이에 전국적으로 하나비 대회가 개최되고 있어서 전국 각지에 하나비 관광 명소가 생겨나고 있다. 도쿄에서는 스미다가와隅田川에서 열리는 스미다가와 하나비 대회가 유명하다. 여름에는 유카타를 차려입고 하나비를 보러가는 사람들을 많이 볼 수 있다.

제11장

전통과 예능

11.1

노

a. 노의 성립과 발전

(1) 간아미와 제아미의 출현

　노能는 일본의 전통적인 고전 예능의 하나이다. 오늘날과 같은 노의 형식이 성립된 시기는 무로마치 시대였다. 이 무렵 막부의 쇼군이나 무사 가문이 앞을 다투어 노의 후원자로 나섰다. 당시 노를 세련되게 하고 양식화하는데 결정적인 역할을 한 인물은 간아미観阿弥(1333~1384)와 그의 아들 제아미世阿弥(1363~1443)였다.

노의 모태는 산가쿠散樂였는데, 산가쿠는 세월이 지나면서 곡예를 중심으로 하는 예능과 대사극을 중심으로 하는 예능으로 분화되었다. 이 가운데에서도 대사극을 중심으로 하는 예능이 사루가쿠猿樂였다. 사루가쿠에 신비적인 요소와 신앙적인 요소를 첨가하고, 연극성을 더욱 세련되게 한 것이 바로 노라고 할 수 있다.

간아미는 유자키좌結崎座라는 예능 집단을 이끌었는데, 그는 기존의 레파토리의 줄거리를 고치거나 다듬고 연출을 더욱 교묘하게 발전시켰다. 간아미는 무로마치 막부 3대 쇼군 아시카가 요시미쓰足利義滿 앞에서 노를 공연할 기회를 얻게 되었다. 그 후 쇼군 요시미쓰는 간아미의 아들 제아미를 늘 가까이 두고 후원하였다.

노를 감상하는 사람들은 주로 귀족이나 상급 무사들이었는데 노는 이에 걸맞게 귀족적인 취향을 추구하는 방향으로 발전되어 갔다. 제아미는 노를 더욱 발전시켜 '하나花'라는 심미審美이론을 만들고 이를 노에 적용하였다. 하나란 노에서 '가장 매력적인 연출' 또는 노의 배우가 '관객에게 감동을 주는 연기'를 비유적으로 표현한 말이다. 하나는 항상 피어 있는 것이 아니기 때문에 진귀한 것이며, 재미있는 것이기에 사람들의 흥미를 집중시키며, 아름다운 것이기에 즐거움을 선사하는 것이라고 하였다.

제아미는 '하나를 어떻게 피우는가', 즉 배우가 어떻게 연기로 나타내야 하는가, 그러기 위해서 어떤 수련을 쌓아야 하는가 등을 연구하고 정리하여 노의 미학·수련법·연기술·가창법·연출법·극단 경영법 등 많은 저술을 남겼다. 이것을 바탕으로 노에 대한 독특한 이론이 정립되었는데 이를 노가쿠론能楽論이라고 한다. 제아미의 대표적인 저술은 『풍자화전風姿花傳』이다. 제아미는 배우이며 작가이며 연출가이며 동시에 노의 이론가였던 것이다.

(2) 에도 시대의 노

1467년부터 시작된 오닌応仁의 난 이후 노는 전환기를 맞이하였다. 쇼군의 권위가 추락하면서 경제적 지원이 끊어지자 자립을 모색하지 않을 수 없었다. 노의 연기자들은 서민이 좋아할 수 있는 소재의 노를 개발하였다. 이전의 노에 비해서 다소 템포가 빠르고 과장적인 표현법을 쓰는 노, 달리 말하자면 가부키의 성격에 가까운 노가 등장하기도 하였다. 에도 막부가 성립되고 평화가 정착하자 노의 연기자는 에도로 활동 무대를 옮겼다.

에도 시대에 들어서면서 귀족들만이 즐기던 노를 일반 서민들도 감상할 수 있게 되었다. 1607년 에도에서 쇼군 도쿠가와 이에야스가 중병이 들어 누워있다는 소문이 퍼지자 민심을 수습하고자 이에야스는 노의 무대를 설치하고 서민들을 관람할 수 있게 하였다. 쇼군도 그 자리에 출석하여 건재함을 과시했음은 물론이다.

에도 막부의 2대 쇼군 도쿠가와 히데타다德川秀忠는 노의 연기자들에게 녹봉祿俸을 주고 노를 쇼군 가문의 정식 의례용 음악으로 채택하였다. 이때 새로운 노의 유파가 탄생했다. 새로운 유파인 기타류喜多流

의 시조가 되는 기타 시치다유喜多七太夫는 원래 노 가문의 출신은 아니었다. 그러나 기타의 참신한 노를 감상한 쇼군 히데타다는 그의 노에 심취하여 기타류의 창립을 허가하였다. 이로써 '4좌 1파'라는 노의 체제가 확립되어 오늘날까지 유지되고 있다.

노의 연기자들은 막부의 허가를 얻어 사찰의 재건이나 불상의 수리 비용을 모은다는 명목으로 노를 공연하였다. 이를 간진노勸進能라고 하였다. 간진노가 열릴 때는 서민이 거주하는 지역의 광장에 무대와 관람석을 마련하고 입구에서 입장권을 받았다. 입장권은 마을의 대표들에게 강제로 할당하였다. 간진노는 4일에서 15일 동안 공연되었다. 여기서 얻는 수입금의 일부를 불사에 충당하고 나머지는 노의 연기자들의 수입이 되었다.

(3) 근현대의 노

메이지 시대가 되면서 노는 한때 쇠퇴했으나 몇몇 뜻 있는 사람들에 의하여 일본의 중요한 전통 문화로 보존되었다. 노의 연기자들은 무대를 다시 세웠고, 노에 대한 학문적 연구 분위기도 성숙되었다.

그러나 1937년 일본이 중일전쟁을 일으키면서 노는 다시 한 번 위기를 맞이하게 되었다. 모든 것이 전시 체제 아래 놓이게 되자 한가하게 노를 감상할 수 있는 상황이 아니었다. 노의 연기자들도 병사로 참전하여 노의 무대를 지킬 사람도 없게 되었다.

마침내 전쟁이 끝나고 평화로운 시대가 찾아왔다. 일본이 고도경제성장을 이룩하며 부활하자 일본인들은 전통 문화를 재인식하기 시작하였다. 오늘날 노는 두터운 관객층과 많은 비평자를 확보하여 전국 각지에서 수많은 공연을 하고 있다. 노의 연기자의 문하에 들어가서 취미로 노를 배우며 노의 후원자가 되기를 희망하는 사람들이 줄을 잇고 있다. 이들은 특정 유파에 소속되어 정신을 수양하고 신체를 단련하기 위해 월사금을 내면서 노를 배운다. 최근에는 노의 춤과 노래를 익히고 그 미학을 체험하려는 사람들이 증가하고 있는 추세이다.

도쿄에 있는 국립노가쿠도国立能楽堂, 간제観世노가쿠도를 비롯해서 전국 약 80여 곳에 크고 작은 노가쿠도가 있다. 노가쿠도는 대개 시내에 자리 잡고 있지만, 신사神社의 경내에 신전神殿의 하나로 세워진 경우도 많다. 신사에서 노能를 공연하는 것은 노가 사람들을 위한 공연물이 될 뿐만 아니라 신을 즐겁게 하기 위한 공양물도 되기 때문이다.

b. 노의 무대

신사에서는 신전을 향하여 노의 무대를 설치하고 노를 공연하는데, 곳에 따라서 사람들에게 노를 관람시키지 않고 신만이 감상할 수 있도록 하는 곳도 있다. 일반 관객을 위하여 시내에 새로 설치한 노가쿠도가 있다. 이런 곳은 무대와 무대의 통로는 물론 관객석까지 모든 실내

국립노가쿠도

에 설치한다. 건물 자체는 현대식 극장 건축물로 만들고, 내부의 노 무대는 전통적인 형식을 재현한다.

초창기의 노는 주변에 나무도 있고 하늘도 그대로 보이는 야외에서 하는 가무극이었다. 그러다가 무대가 신사 경내에 설치되었고, 현대에는 실내에 설치되기에 이르렀다. 야외에서 공연하였다는 흔적으로 노의 무대 정면에는 커다란 소나무 한 그루를 그려 놓고 왼쪽에는 작은 소나무 세 그루를 심어 놓는 전통이 지켜지고 있다.

무대는 배우들이 연기하는 중앙 부분인 혼부타이本舞台와 연주를 담당하는 악사들의 자리인 아토자後座, 코러스를 담당하는 악사들이 앉는 자리인 지우타이자地謠座, 준비실에서 무대로 등장할 때 통행하는 통로이자 무대의 일부인 하시가카리橋掛り 등으로 구성되어 있다.

노가 시작되기 전에 악사와 코러스가 무대에 나와 정해진 자리에 앉는다. 소나무 그림 아래 자리 잡는 악사는 4명인데 이들을 하야시카타囃方라고 한다. 하야시카타가 담당하는 악기는 각각 피리, 왼손으로 잡아 오른쪽 어깨에 올려놓고 오른손으로 치는 작은 북인 고쓰즈미小鼓, 왼쪽 무릎 위에 올려놓고 치는 오쓰즈미大鼓, 바닥에 버텨 놓고 치는 북인 다이코太鼓 등이다. 코러스라고도 할 수 있는 지우타이地謠는 6명에서 10명, 무대의 오른쪽에 무대 중앙을 향하여 2줄로 나란히 앉아 노의 진행 과정, 주제의 설명, 정경 묘사, 시간의 경과, 후일담 등을 노래로 들려준다.

하시가카리는 배우와 하야시카타가 등장하고 퇴장하는 통로일 뿐만 아니라 배우가 연기를 하기도 하는 공간이다. 하시가카리의 끝에는 아게마쿠揚幕라는 오색의 커튼이 드리워져 있고, 그 안쪽은 가가미노마鏡の間라는 공간이 있다. 이곳은 객석에서는 보이지 않는데, 무대로 나가기 전에 연기자가 거울 앞에서 노멘을 착용하고 분장을 마무리하는 곳이다.

관객석은 겐쇼見所라고 한다. 겐쇼는 본무대에서 하시가카리의 끝까지 감싸고 있는 형태로 배열되어 있어 객석 안으로 무대가 돌출되어 있는 모양을 하고 있다. 본무대를 볼 수 있는 가장 가운데 관객석을 쇼멘正面, 하시가카리 앞쪽을 와키쇼멘脇正面, 쇼멘과 와키쇼멘의 사이를 나카쇼멘中正面이라고 한다.

c. 노의 종류

노는 각 유파에 의해서 전승되었는데, 현재 정식으로 공연할 수 있는 작품만도 약 240편에 달한다. 노는 음악성을 매우 중시하는 연극이기 때문에 전통적으로 작품을 곡曲또는 곡목曲目이라고 한다. 오늘날 시내의 노가쿠도에서 노를 공연할 때는 대개 두세 시간 안에 마칠 수 있도록 곡목을 짠다. 그러나 원래 하루치 공연은 정해진 곡의 성격이 다른 5종목 가운데서 한 곡씩 골라서 차례대로 모두 5곡으로 편성한다는 원칙이 있었다. 하루에 5곡의 노를 정식으로 공연할 때 공연 순서에 따라 고정되어 있다. 노는 등장하는 인물에 따라 신의 이야기인 와키노모노脇能物, 무사의 이야기인 슈라모노修羅物, 미녀 이야기인 가쓰라모노鬘物, 잡인들의 이야기인 자쓰노모노雜能物, 이계의 이야기인 기리노切能의 다섯 가지 레파토리로 나눈다.

첫 번째 곡인 와키노모노는 하루 프로그램에서 첫 번째로 공연하는 레퍼토리가 신이 주인공이 되는 노이다. 주인공은 신의 가면을 쓰고 등장하는데 곡의 진행은 전반과 후반으로 나뉜다. 전반은 대개 신의 화신인 노옹老翁이 나와 춤을 추다가 하시가카리로 퇴장한다. 후반에는 신이 등장하여 춤과 노래로 '천하 태평', '국토 안전' 등의 축언祝言을 외워 의식적인 분위기를 연출하는 곡목이다. 신은 남신 · 여신 · 노신老神 · 성격이 거친 신荒神 · 이계에서 온 신異神 등으로 분류되며 그 성격에 따라서 가면도 달라진다.

두 번째 곡인 슈라모노는 생전에 지은 죄로 사후에 수라도에 떨어진 무사의 고통을 그린 것이다. 수라도란 불교에서 말하는 인간의 선악의 업業에 따라 가게 된다는 여섯 가지 세계인 육도六道의 한 단계로, 신을 거역하고 전쟁을 벌인 무사들이 사후에 가게 되는 곳을 말한다.

세 번째 곡인 가쓰라모노는 노에서 여자로 분장할 때는 전통적으로 가발을 쓰기 때문에, 여성의 우아한 가무를 중심으로 전개되는 곡목을 말한다. 주인공이 꿈속의 환상적인 장면을 춤으로 나타내는 경우와 주인공이 현실의 아름다운 여인으로 등장하는 경우가 있다. 젊은 여인뿐만 아니라 나이 든 미녀나 그들의 정령이 주인공이 된다. 가쓰라모노는 우아하며 유현하게 전개되기 때문에 가장 중요한 세 번째 곡목으로 편성하며 '노 중의 노'라고도 한다.

네 번째 곡인 자쓰노모노雜能物는 다른 분류에 들지 않는 잡다한 종류를 포함한 것으로 사랑, 질투, 복수 등 남녀 주인공이 겪는 여러 가지 인간사를 주제로 삼는다. 다른 분류에 들지 않는 잡다한 내용을 그린다고 해서 자쓰노모노라고 한다. 특히 이별한 연인이나 잃어버린 자식을 찾아 헤매는 이야기를 다룬 곡을 교란모노狂亂物라 하고, 끊기 어려운 현세의 욕망에 집착하는 인간의 모습을 그린 곡을 슈신모노執心物라고 한다. 이 밖에도 주인공의 춤솜씨를 자랑하는 곡, 칼솜씨를 자랑하는 곡, 인정을 주제로 하는 곡 등 다양하게 연출된다. 자쓰노모노의 이와 같은 다양한 극적 요소는 이후에 발생된 가부키의 성립에 많은 영향을 주었다.

다섯 번째 곡인 기리노는 오니노鬼能라고 하며 하루의 마지막에 상연하는 노이다. 인간 이외에 귀신이나 산 속에 살고 있다는 괴물인 텐

구天狗 또는 요정 등이 주인공이 된다. 인간을 주인공으로 하는 경우에는 이계에서 온 귀인貴人의 이야기, 별세계에서 왔다가 별세계로 돌아간다는 보살菩薩의 환상적인 이야기 등을 다룬다. 하루의 피날레를 장식한다는 뜻에서 화려하고 호쾌한 템포로 꾸민다.

오늘날에는 5곡목 중 두 세 가지로 축소하여 상연하는 경우가 대부분이다. 이를 구성면에서 나누자면 현재노現在能와 몽환노夢幻能로 분류할 수 있다. 몽환노는 현실과 꿈, 현재와 과거가 동시에 전개되어 이중구조를 취하는 것을 말하며, 나그네의 꿈속에 망령이나 화신이 나타나 이야기하는 형식을 취한다. 이는 시테가 1인 2역을 함으로써 망령이 자신 스스로에게 말하는 수법으로 강한 호소력을 갖는다. 여기에는 원령들의 한을 풀어주는 해원 의식과 같은 종류도 있어 마지막 부분에 승려의 염불로 성불하고 사라져 가는 것으로 끝난다. 주제 면에 있어서는 구성 줄거리보다 감정의 기복과 조형미, 음악미를 강조한다. 내용상의 발전이나 갈등은 없으며 부자간의 정이나 애정, 질투, 복수, 무사도 정신 등 통속적인 관념과 정서가 주제를 이룬다.

d. 노의 배역

노에서는 주인공의 배역을 시테仕手라고 한다. 시테는 대대로 시테만을 담당하는 집안사람들이 배역을 세습한다. 시테는 연기하는 사람,

즉 배우라는 뜻이지만 노에서는 주역을 가리키는 말로 고정되었다.

레퍼토리에 따라서 시테가 두 가지 배역을 담당하는 경우가 있다. 주인공의 생전의 모습과 사후의 모습, 또는 일상적인 모습과 꿈속의 모습, 즉 몽환적인 모습 등으로 구분하여 일인 이역으로 연출하는 경우가 있다. 각기 다른 두 명의 주인공이 있는 것이 아니라 한 명의 시테가 전반과 후반에 동일 인물의 다른 상황을 연출하는 기법이다. 극을 전후 2장으로 구성하는 경우, 전반의 주인공을 마에시테前仕手, 후반의 주인공을 노치시테後仕手라고 한다. 시테즈레仕手ツレ는 시테의 동반자 즉 종자從者로 줄여서 쓰레라고도 한다. 현행 작품의 약 절반에는 시테와 함께 쓰레가

다이라노 도모모리(平知盛)의 망령 노치시테

후나 벤케이(船弁慶)의 마에시테

등장하고 쓰레가 두 사람 이상 등장하는 작품도 적지 않다.

와키脇는 시테의 상대 배역이 되는 부주인공으로서 승려·신관·무사·신하·마을 사람 등 남자 역으로만 등장한다는 특징이 있다. 와키는 주인공의 이야기를 받아 주는 역할을 한다. 현실에 존재하는 인간의 배역이기 때문에 가면을 쓰지 않는다.

이외에도 무대에는 고켄後見이라는 역할이 등장한다. 고켄은 특별한 배역을 담당하는 것이 아니라 등장인물의 시중을 든다. 예를 들면 주인공의 옷을 갈아입힌다든지, 소도구를 가져다 놓거나 치우는 일을 하는데, 일이 없을 때는 소나무 그림 아래 앉아있다. 이는 현대의 사실주의 연극에는 없는 흥미로운 연출법이다. 고켄 역할을 하는 사람은 주인공이 갑자기 연기를 할 수 없게 되었을 때 그 역을 대신하기도 하기 때문에 대개 연기 지도력이 있는 사람이 맡는다.

e. 노멘

노멘能面은 노에서 사용하는 가면을 말한다. 노는 가면극이지만 등장인물이 모두 노멘을 착용하는 것은 아니다. 시테 및 시테즈레가 신, 신선, 망령 등 초인간적인 존재를 연기하기 위해서 또는 미적인 표현을 하기 위해서 노멘을 쓴다. 또한 시테가 여성의 역할일 경우에도 반드시 노멘을 착용하지만 현실 속의 남성의 역할을 하는 와키는 절대로 노멘을 쓰지 않는다. 노멘은 자신과 다른 차원의 역할로 변신하기 위한 도구라 할 수 있다. 이러한 노멘의 사용 원칙은 무로마치 시대에 이미 정해져 있었지만 완전하게 정비된 것은 에도 시대 중기이다.

노멘은 오모테面라고도 한다. 노송나무를 재료로 하고 조개껍질을 갈아 가루로 만든 호분胡粉 등을 안료로 써서 채색한다. 무대의 빛을 고려하여 고색古色을 칠하거나 때에 따라서는 눈동자에 금환金環을 넣고 눈썹이나 수염을 심는 등 노멘시能面師라 불리는 제작자들은 다양한 기술로 노멘을 만든다. 보통 노멘을 '쓰다카부루'라는 표현을 하지 않고 '걸치다かける' 또는 '덧붙이다つける'라고 한다. 실제로 배우는 노멘으로 얼굴 전체를 가리지 않고 이마에서 턱 바로 위까지 얼굴 앞면만을 가린다. 이렇게 작은 노멘을 착용함으로써 배우는 노래하기 용이하고 작은 얼굴을 연출할 수 있다.

노멘은 크게 온나멘女面, 오토코멘男面, 기멘鬼面, 조멘尉面의 네 종류로 구분된다. 온나멘은 여인의 역할에서 사용되는 것으로 노멘을 대표한다. 노멘의 특징을 나타내는 말에 중간표정 또는 무표정이라는 말이 있다. 중간표정은 오토코멘과 조멘에도 적용되지만 온나멘이 가장 대표적이다. 이것은 글자 그대로 얼굴에 희로애락의 표정이 나타나지 않고 중간적인 표정으로 만들어진 것을 말한다. 이러한 노멘은 고개를 조금 올리거나 내리는 것으로 즐거움, 외로움, 슬픔 등을 표현할 수 있다.

온나멘은 연령별이나 연출상의 필요에 따라 여러 종류가 있다. 가장 완성도가 높은 노멘으로 알려진 젊은 여인인 고오모테小面, 고오모테보다 우아하고 요염한 표정을 하고 있는 만비万媚, 중년 여인인 후카이深井, 기품 있는 여신 등에 사용되는 조노온나增女, 백발의 노파를 상징하는 로조老女 등 연령별로 변화하는 여성의 미를 묘사하고 있는 것이 온나멘의 특징이다.

오토코멘은 남성의 역할에서 사용된다. 귀족적인 표정을 하고 있는 주조中將, 들판을 달리는 무장의 분위기를 가진 붉은 갈색 얼굴의 헤이다平太, 인생을 고뇌하는 간탄邯鄲, 반은 승려이고 반은 속세인인 가쓰시키喝食 등 각 역할에 맞는 노멘이 있다.

기멘은 원령이나 도깨비를 나타낸다. 고오모테와 함께 노멘을 대표하는 한냐般若는 원령이 된 여인의 표정을 나타내고 있어서 노여움 속에 비애가 깃든 뛰어난 가면이다. 야세오토코痩男는 이 세상에 원한을 남기고 죽은 남성의 망령으로 여윈 얼굴에 허무한 눈동자가 특징이다. 오베시미는 양 입술을 일자로 악물고 힘을 준 도깨비의 형상이다. 기멘은 전체에 큰 금환을 넣기도 하고 금니를 넣기도 하여 괴이하고 섬뜩한 분위기를 준다.

조멘은 노인을 표현할 때 사용한다. 노인같이 보이기 위해서 광대뼈를 높이 올리고 조금 야윈 형태로 만들며 머리와 눈썹, 수염을 심는 것이 특징이다. 조멘의 종류로는 고우시조小牛尉, 아코부조阿古父尉, 와라이조笑尉, 산코조三光尉 등이 있다.

이 외에 <오키나>에서 오키나와 산바소가 착용하는 하쿠시키조白式尉와 고쿠시키조黑式尉라는 노멘이 있다. 흰색 얼굴의 하쿠시키조와 검정얼굴의 고쿠시키조는 온화하게 웃고 있는 노인의 얼굴로 입 주위를 끈으로 연결하여 말을 할 때 턱을 움직일 수 있도록 제작되었다. 다른 노멘에서는 찾아볼 수 없는 특이한 형태이다. 무대 위에서 노멘을 착용하여 신으로 변신하는 것도 <오키나>만의 특징이다.

노멘은 약 35종류 정도만 있으면 모든 역을 연기할 수 있지만 실제로 무대에서 사용되고 있는 것은 60~70종류에 달한다. 이 외에도 변형된 형태의 노멘도 다수 있어 총 250종류에 이르고 있다고 한다.

g. 대표적인 작품

노가 시작되면 등장인물이 나와서 관객에게 자신의 신분이나 등장한 이유 등을 말하는 대목이 있는데, 이를 나노리名乘り라고 한다. 대표적인 작품인 「도성사道成寺 이야기」에서는 먼저 부주인공, 즉 와키인 주승主僧이 등장하여 이 사찰에 오랫동안 종이 없었는데 길일을 택해서 종을 종루에 걸고 이를 기념하는 공양을 올린다는 나노리를 한다. 노는 종을 거는 데서 시작되지만, 도성사라는 사찰에는 종에 얽힌 깊은 사연이 있었다. 도성사는 교토에서 남쪽으로 약 150킬로미터 떨어진 곳, 와카야마현和歌山縣의 남부에 있는 절이다. 노「도성사 이야기」전반부는 이렇게 전개된다. 도성사에서 새로 만든 종의 봉헌식을 하는 날, 주승은 절의 일꾼들에게 오늘은 경내에 여자의 출입을 일절 금한다는 명을 내렸다. 특별한 의식을 치르는 날에 여자가 경내에 들어오면 부정을 탄다고 생각하기 때문이다.

여인이 원한을 풀어 주기를 기도하는 스님들 「도성사 이야기」

　주승을 보필하는 두 일꾼이 힘들게 종을 달아 올려서 고정시키고 한숨 돌리고 있을 때, 한 여인이 찾아 들어왔다. 이 여인이 주인공인데 일꾼들 앞에 나타난 마에시테는 젊고 아름다운 모습의 시라뵤시白拍子였다. 시라뵤시란 남자들을 찾아다니며 춤을 추고 노래를 부르던 당시 유녀遊女의 한 부류이다.
　이 시라뵤시는 일꾼들에게 새로 만든 종을 참배하고 싶다고 거듭 부탁하였다. 일꾼들은 시라뵤시를 들여보내는 대신 춤을 보여 달라고 한다. 시라뵤시는 종각 앞에서 매혹적으로 춤을 추기 시작하였다. 노는 스토리의 전개 과정도 흥미 있지만 배우의 춤 자체도 관객에게 좋은 볼거리가 된다. 우아하게 시작된 시라뵤시의 춤에 일꾼들이 넋을 잃은

제11장 전통과 예능　221

사이에 시라뵤시는 빨려 들어가는 종 속으로 사라져 버렸고 매달려 있던 종은 바닥에 떨어졌다.

　일꾼들은 갑자기 당한 변고에 어쩔 줄 몰라 하다가 주승에게 이 사실을 보고하였다. 다시 등장한 주승은 이 일이 어떤 사연이 있어서 일어난 것인지 알아차렸다. 그 시라뵤시는 옛날 이 자리에 있었던 종에 대하여 원한을 품고 죽은 여인의 원혼임에 틀림이 없다는 것이다. 주승은 그 사연을 이야기하기 시작한다. 주승이 과거의 사실을 이야기하면서 극중의 시제는 현재에서 과거로 옮겨 가고 이야기가 끝나면 다시 현재로 돌아온다.

　이 지방의 큰 부잣집에 어린 딸이 있었다. 이곳을 지나 구마노熊野로 기도하러 다니던 젊은 승려가 있었는데, 그 승려가 길을 지날 때마다 부자는 승려를 자기 집에서 묵도록 하였다. 그럴 때마다 부자는 딸에게 농담 삼아 크면 저 승려와 결혼하게 된다고 하였다. 세월이 흘러 여인으로 성장한 딸은 어느 날 찾아온 승려에게 자신을 아내로 삼아달라고 하였다. 뜻밖의 말을 들은 승려는 그날 밤 몰래 도성사로 도망하여 종루의 종을 내려 놓고 그 속에 숨었다. 승려를 쫓아오던 여인이 히다카日高의 강가에 이르렀을 때 때마침 물이 불어 강을 건널 수가 없었다. 애처롭게 강둑을 오르내리던 여인은 분노와 원한에 사무쳐 독사毒蛇의 모습으로 변하여 헤엄쳐 강을 건넜다. 곧바로 절로 들어간 뱀은 종루에서 떨어져 있는 종을 보더니 몸으로 종을 일곱 바퀴나 빙빙 둘러 말았다. 성난 눈에서는 피눈물이 나오고 입에서는 불꽃을 내뿜으며 꼬리로 종을 두드렸다. 이윽고 종이 이글이글 달아오르며 그 속에 있던 승려도 불타 죽었다. 그런 일이 있은 오랫동안 도성사에 종이 없었다.

이 장면에서 「도성사 이야기」 후반부가 시작된다. 주승이 종을 향하여 정성을 다해 주문을 외우자 종이 천천히 위로 올라가고 종 속에 있던 시라뵤시가 등장한다. 종 속에서 나온 시라뵤시의 모습은 전반의 아름다운 모습과는 달리 머리에는 빨간 머리털이 치솟고, 이마에는 뿔이 달리고, 입에는 송곳니가 뻗은 무시무시한 뱀의 모습으로 정체를 드러냈다. 이 모습은 한냐般若라는 가면으로 나타낸다. 시테는 주승이 이야기하는 사이에 종 속에 준비되어 있던 옷을 혼자서 갈아입고 가면을 바꾸어 쓰고 변신한 것이다. 뱀은 도성사의 종에 원한이 맺혀 있던 바로 그 여인의 화신이었다. 뱀은 주승과 대결을 벌인다. 주승의 법력에 힘이 부친 뱀이 고통을 이기지 못하고 히다카의 강물로 뛰어들었다. 물론 노의 무대에 실제 강물이 있는 것은 아니고, 기다란 통로인 하시가카리로 쫓기는 듯이 퇴장한다. 주인공이 퇴장하면 노는 막을 내린다.

11.2

교겐

a. 노와 같은 무대에서 공연하는 교겐

교겐은 교겐 전용 극장이 있는 것이 아니라, 노와 같은 무대에서 공연한다. 노 무대가 설치된 노가쿠도能樂堂에서는 노를 공연하고 교겐도 공연한다. 노와 교겐은 모두 산가쿠散樂라는 고대 연극에서 파생된 연극이기 때문에, 내용은 서로 다르지만 같은 노 무대를 사용한다.

노와 교겐은 같은 무대에서 공연하지만, 등장인물의 의상, 극의 주제, 연극적 성격 등이 전혀 다르기 때문에 한눈에 곧 구별할 수 있다. 노는 장중하고 우아하며 유현幽玄한 세계를 추구하는 데 비해서, 교겐은 가볍고 즐거우며 일상적인 세계를 묘사하여 풍자諷刺와 웃음을 선사하려는 데 연극적인 목적을 두고 있다.

노를 정식으로 공연할 때는 하루에 5종목의 노를 순서대로 진행하는데, 교겐은 5종목의 노와 노 사이에 4종목을 공연한다. 즉, 노 한 종목이 끝나면 교겐 한 종목, 다시 노 한 종목이 끝나면 교겐 한 종목, 이런 식으로 노와 교겐을 교대로 공연하는 방식이 정식이었다. 이처럼 교겐은 노와 따로 떼어 놓을 수 없는 불가분의 관계에 있기 때문에 이 두 가지 연극 장르를 합쳐서 '노교겐能狂言'이라 부르기도 하며 '노가쿠能樂'라 통칭하기도 한다.

b. 교겐의 성립과 발전

(1) 교겐의 원류

교겐 또한 산가쿠散樂에서 발달하였다. 산가쿠의 산散은 잡雜스러운 것, 속된 것 또는 비속한 것이라는 의미이며, 가쿠樂는 음악을 포함하여 종합적인 놀이라는 의미로 쓰이는 말이었다. 산가쿠는 궁중에서 행해지는 우아한 예능과는 반대로 곡예, 요술, 가무 등 서민들을 위한 대중적인 예능을 통틀어 가리키는 말이라고 할 수 있다.

산가쿠가 일본에 전래되었을 당시에는 조정의 보호를 받았다. 산가쿠 연기자들은 산가쿠를 궁중의 예능으로 공연하였다. 그러나 품위 있는 새로운 궁중 예능이 도입되면서 산가쿠 연기자들은 일자리를 잃게 되었다.

생계를 걱정해야 할 처지에 놓이게 된 산가쿠 연기자들은 새로운 관객인 대중의 호응을 얻기 위해서 노력하지 않으면 안 되었다. 그들은 대중이 좋아하는 것이 무엇인가를 찾아내어 새로운 레퍼토리를 꾸며 거리나 사원의 뜰에서 산가쿠를 공연하였다.

산가쿠 연기자들의 레퍼토리는 크게 두 가지로 나뉜다. 하나는 곡예적인 것이고, 또 하나는 연극적인 것이다. 곡예적인 것이란 재주넘기·줄타기·요술·장대에 올라 재주부리기 등 육체적으로 기교를 표현하는 예능을 말한다. 곡예는 관객과 연기자 사이에 음성 언어가 통하지 않더라도 공감을 얻을 수 있다는 장점이 있다. 따라서 말이 통하지 않는 사람 앞에서도 공연을 할 수 있다.

이에 비하여 연극적인 것은 의미 전달을 위한 수단으로 육체적인 동작은 물론 언어가 중요시된다. 즉, 산가쿠 가운데 연극적인 레퍼토리란 대사를 일본어로 전달할 수 있게 된 대중적인 연극인 셈이다. 바로 이런 산가쿠의 연극적인 레퍼토리가 노와 교겐의 모태가 되었다. 하지만 노는 가면을 쓰고 서정적인 대사와 노래를 반주에 맞추어 깊이있게 전개되는 연극 양식을 추구했으며, 교겐은 일상적인 언어로 가볍고 즐겁게 웃음과 풍자를 추구하는 연극 양식을 추구하였다. 노와 교겐은 서로 다른 연극 장르로 분리되어 갔던 것이다.

(2) 교겐의 완성

교겐은 노와 함께 궁중과 막부 등 주로 귀족들을 관객으로 하는 한편, 불전에 공양을 드린다는 뜻으로 사원에서도 연기하였다. 교겐은 특히 막부 쇼군들의 후원을 받아 교토와 나라를 중심으로 발전하였다. 당시의 교겐시들은 세 유파로 나뉘어 활동하고 있었는데, 오쿠라류大藏流·사기류鷺流·이즈미류泉流를 교겐삼류狂言三流라고 하였다.

중세의 말기 전국 시대에 들어서서 막부와 사원은 교겐을 후원할 능력을 잃게 되었으나, 오다 노부나가織田信長의 천하 통일 사업이 진행되면서 사회는 안정을 되찾았고 교겐에 대한 관심도 회복되었다. 특히 노부나가의 후계자인 도요토미 히데요시豊臣秀吉는 예능을 매우 좋아하는 인물이었다.

도요토미 정권을 계승한 도쿠가와 이에야스 또한 예능에 많은 관심을 가지고 있었다. 그는 궁중의 의식을 본떠서 에도 성내에서도 많은 의식을 치르도록 하였다. 궁중 음악인 아악과 노와 교겐을 막부의 공식 의례용 예능, 즉 '식악式樂'의 한 가지라 하여 보호하였다.

교겐시들은 쇼군의 명령이 떨어지면 언제라도 곧 공연할 수 있도록 연습하며 대기하였다. 막부에 고용된 교겐시들은 재주를 자식들에게 물려주면서 경제적으로도 안정된 생활을 할 수 있었다. 이 시기에 교겐시들은 교겐의 레퍼토리를 확립하여 문서로 정리하기도 하고 연출법도 유형화하며 교겐의 양식을 완성하기에 이른다.

이 시기에 오쿠라류와 사기류는 관동 지방인 에도를 중심으로 활동하였으며, 이즈미류는 관서 지방인 교토를 본거지로 삼고 궁중을 중심으로 활동하였다.

(3) 교겐의 쇠퇴

메이지 시대가 되고, 교겐의 강력한 후원자였던 막부가 해체되면서, 교겐시들은 일시적으로 공연할 기회를 잃어버리게 되었다. 하지만 전통 예능에 관심을 갖고 있던 사람들이 교겐을 공연할 수 있는 분위기를 조성하였다. 그러나 적극적인 후원이 아니라 어디까지나 호의를 갖고 있는 정도였다.

웃음을 주제로 하는 교겐은 또 한 가지 편견을 극복하지 않으면 안 되었다. 19세기 초는 아직 봉건 도덕이 중시되고 있었으며, 남자가 우스갯소리를 하면 지탄받는 분위기였다. "남자란 웃음이 헤프면 못 쓴다.", "대장부는 3년에 한 번 웃으면 족하다."라고 말하며 남들 앞에서는 웃음을 억제하는 것을 바람직한 일로 여기던 풍조가 있었다. 특히 1930년대 일본이 전쟁으로 치달으면서 웃음과 풍자를 생명으로 하는 교겐은 설 자리를 잃고 말았다. 특히 오랫동안 공연할 무대를 잃은 교겐시들 가운데 사기류는 뿔뿔이 흩어져 해체되어 버리고 말았다.

(4) 교겐의 부흥

1945년 태평양전쟁이 끝나고 평화가 도래하였다. 일본 사회에 웃음이 다시 깃들기 시작하였다. 이러한 분위기에 편승하여 그동안 고초를 묵묵히 잘 이겨 낸 오쿠라류와 이즈미류의 교겐시들은 고전 작품뿐 아니라 신작 교겐을 상연하였다. 매스컴에서도 교겐을 주목하기 시작하였으며 해외 공연도 활발해졌다.

오늘날 일본에서는 '교겐 붐'이라고 할 정도로 교겐이 인기를 끌고 있다. 교겐은 한 편 한 편이 짤막짤막하여 이해하기 쉽고 주제가 평이한데다가 보는 이에게 긴장을 풀고 마음을 놓고 웃으며 몰입할 수 있는 극적 공간을 제공해 주기 때문이다.

지금도 교겐은 노와 같은 무대에서 공연한다. 그러나 공연 방식은 예전과는 달라져서 여러 편의 교겐만을 모아서 따로 공연하는 기회가 많아졌다. 교겐의 대사는 알아듣기 쉽고 소재나 주인공의 설정도 대중의 인기를 얻을 수 있도록 짜여 있기 때문에 어린이들로부터 젊은이는 물론 노인에 이르기까지 관객의 폭이 넓다. 뿐만 아니라 교겐은 복잡한 무대 장치나 배경 없이 적은 인원으로 공연할 수 있기 때문에 학교나 단체의 초청을 받아 공연하는 일이 아주 많다는 점이 다른 예능과 다르다. 이러한 요소가 현대인들에게 쉽게 공감을 느낄 수 있게 하므로 오늘날에도 인기 있는 전통연극으로 자리 잡고 있다.

c. 교겐의 종류

(1) 와키교겐

와키교겐脇狂言은 신이 인간을 축복하는 장면이나 매우 경사스러운 이야기를 다루는 교겐이다. 노에서 신이 인간에게 축복을 내리는 대목은 당일 레퍼토리 가운데 가장 먼저 상연하며 이를 와키노脇能라고 하였다. 와키교겐이라는 명칭은 와키노에 이어서 상연하며 와키노처럼 경

와키교겐「후쿠노가미(福の神)」

사스러운 내용을 다룬다는 뜻이다. 와키교겐에는 복신福神인 대흑신大黒神·에비스신夷神 등 민간 신앙의 대상이 되는 신이 주인공이 되어 신을 잘 섬기고 부지런하며 잘 웃는 사람이 복을 받는다는 내용이 주를 이루고 있다.

직접 신이 등장하지는 않지만 부지런한 농부가 영주에게 세를 바치러 갔다가 오히려 큰 상을 받아 가지고 왔다는 이야기, 하인이 심부름을 잘못하여 혼이 날 것을 춤과 노래로 주인을 즐겁게 하여 좋은 결말을 맺는 이야기 등, 와키교겐은 모든 사람에게 즐거움과 평화로운 웃음을 제공한다는 공통점이 있다.

(2) 다이묘교겐

다이묘교겐大名狂言의 시테는 지방의 영주인 다이묘로서 그 지방에서 으스대고 있지만 사실은 무력한 존재로서 묘사되고 있다. 시테의 외관과 내면의 모순이 웃음을 유발하는 소재이다. 다이묘의 성격은 대개 밝고 여유 있기 때문에 다이묘의 우스꽝스러운 실수는 풍자성을 추구한다기보다는 오히려 관객에게 여유로운 기분에서 오는 즐거움을 준다.

(3) 다로교겐

다로교겐太郞狂言은 다로카자太郞冠者가 시테가 된다. 다로카자는 주인의 시중을 드는 하인을 말한다. 여러 명의 하인이 있을 경우에는 첫 번째 하인을 다로카자, 두 번째 하인을 지로카자次郞冠者, 세 번째는 사부로카자三郞冠者라고 한다. 다로카자는 선배 격 하인의 통칭이다. 가자 冠者는 원래 관례를 올린 성인이라는 뜻이었지만, 젊은 하인 또는 하인 이라는 의미로 쓰이며, 교겐의 전형적인 등장인물이다. 다로카자는 교 겐에서 우둔하고 덜렁대는데다가 겁쟁이이며 술을 좋아하는 인물이 다. 그러나 바탕은 착하고 애교 있는 인물로 매우 밝고 천진스러운 웃 음을 자아내게 한다.

(4) 사위교겐

데릴사위 제도가 있던 풍토에서 형성되었으며, 사위·아내·장모 사이에서 일어나는 이야기들을 다룬다. 사위의 무능함, 처음 대한 아내 의 얼굴이 너무도 못생긴 것을 보자 도망가는 사위, 바람을 피우다 아 내에게 들켜 혼이 나는 공처가 이야기 등 주로 부부 사이에 일어난 일 을 다루는 교겐이다.

(5) 오니교겐

오니교겐鬼狂言의 오니란 원래 인간 생활을 위협하는 추악하고 괴 이한 능력을 지닌 요괴를 말한다. 그러나 교겐에 등장하는 오니는 무시 무시한 존재인 것같이 보이지만, 어처구니없게도 인간의 지혜나 완력

야마부시교겐「가큐(蛾牛)」

에 지고 마는 우둔하고 무력한 만화적인 존재로 등장하여 웃음을 선사한다. 오니의 성격은 한국의 도깨비와도 유사한 면을 보이고 있다.

(6) 야마부시교겐

야마부시교겐山伏狂言은 야마부시를 시테로 하는 교겐이다. 교겐에 등장하는 야마부시는 위엄 있는 모습으로 자신의 능력을 자랑하지만 정작 엄숙하게 기도를 올려도 아무런 효험을 나타내지 못해 무능함이 사람들의 웃음거리가 된다. 야마부시의 무능력함을 풍자한다기보다는 야마부시 특유의 요란한 복장으로 거창하게 기도를 올리는 등의 과장된 표현이 동화적인 즐거움을 준다는 특징이 있다.

(7) 출가교겐

출가교겐出家狂言은 승려의 파계·탐욕·무식을 풍자하는 경우가 대부분이지만 오직 득도를 위해 고행하는 승려를 호의적으로 묘사한 경우도 있다.

(8) 잡교겐

잡교겐雜狂言은 위의 분류에 해당되지 않는 교겐을 통틀어 가리키는 말이다. 따라서 매우 다양한 등장인물을 다루게 되는데, 흥미로운 테마가 많다. 도둑·사기꾼·말썽꾸러기 하인·장사꾼·중국인 그리고 여우 등을 주인공으로 하여 여러 가지 이야기를 엮어 간다.

(9) 신작교겐

메이지 시대 이후에 창작된 작품들을 가리킨다. 일본의 교겐을 소재로 한 교겐, 외국의 고전에서 소재를 따온 교겐, 현대 문물에서 소재를 따온 전혀 새로운 쿄겐 등이 나왔는데 일부는 관객의 호평을 받아 고정적인 레퍼토리로 정착되기도 하였다.

d. 의상과 소도구

배우인 쿄겐시의 의상은 약 400년 전 쿄겐 형성 당시의 일상적인 모습으로 꾸민다. 많은 등장인물이 부채를 손에 들고 나온다. 부채는 매우 간단하며 유용하게 쓰이는 소도구라 할 수 있다. 부채는 펼치기도 하고, 접기도 하고, 돌려서 잡기도 하며 간단히 변형시킬 수 있다. 바람을 일으켜 불을 피우는 사실적인 동작은 물론, 춤을 출 때 쓰는 도구가 되기도 한다. 장면에 따라서 칼, 붓, 톱, 주걱, 술잔, 주전자, 숟가락 등의 상징물로 쓰이기도 한다.

배우가 관객에게 이건 칼의 상징이요, 이건 붓의 상징이요, 이건 숟가락의 상징이요 하고 일일이 설명하지 않아도 그 소도구가 지닌 극중의 의미는 잘 전달된다. 배우와 관객 사이의 약속이 바로 이런 것이다. 쿄겐은 이런 상호 간의 약속에 의해서 압축적이며 상징적인 의미가 짧은 시간 안에 전달되도록 짜여 있다.

배우가 무대를 한 바퀴 돌면, 그것으로 십리 길을 다녀왔다는 뜻이 되기도 하고, 세월이 많이 흘러갔다는 뜻이 되기도 한다. 때로는 바로 앞에 상대방을 앉혀 두고도 이야기를 나누지 않거나 보여도 보이지 않는 체하면, 멀리 떨어져 있거나 벽이 가로막혀 있는 상황을 의미한다. 이런 연출 양식은 현대 연극의 사실적인 연출법과는 전혀 다른 상징적인 연출법이다. 이것은 일본의 문화 전통에 대한 이해를 바탕으로 감상해야 교겐의 참맛을 알 수 있다.

e. 교겐의 양식

교겐의 연기에는 일상생활을 그대로 표현하는 사실적인 연기 부분과 미리 약속된 양식적인 연기가 있다. 리얼리즘 연극의 경우에는 일상생활의 동작을 충실하게 재현하는 연기만을 바람직하다고 한다. 반면에 교겐에서는 이와는 달리 사실적인 부분과 양식적인 부분을 조화시키는 연기를 이상적인 연기로 여긴다.

예를 들어 톱질하는 장면을 나타낼 때 실제의 효과음을 내는 것이 아니라 톱질하는 행위와 '즈카즈카즈카' 또는 '메리메리메리' 등의 의성어로 나타낸다. 이 말은 언제나 톱질하는 소리로 이해하도록 양식화된 것이다. 무대를 한 바퀴 돌면 상당히 먼 길을 걸은 것을 나타낸다. 배우가 무대의 한쪽에 앉아 있지만 이야기를 걸지 않으면 멀리 떨어져 있는 것을 의미한다는 것 등은 교겐 연기의 양식성을 보여주는 예라고 할 수 있다. 이와 같은 교겐의 양식성은 노나 가부키, 인형극 등의 전통 연극은 물론 스모, 다도, 꽃꽂이 등의 일본 전통문화 장르에도 나타나는 특징적인 현상이라 해도 좋을 것이다.

f. 대표적인 작품

부스附子, 즉 부자는 한방약漢方藥의 일종인데 한국은 물론 일본에서도 널리 쓰인다. 부스는 적당히 쓰면 양기를 돕고 체온을 보하며 중풍과 이질 따위에 효험이 있지만, 과용하면 실명하거나 목숨까지도 잃어버릴 수 있는 극약이다. 교겐 「부스」는 매우 인기 있는 작품으로 오늘날에도 자주 공연된다. 부스를 통해서 교겐이 지닌 웃음과 상징성을 살펴볼 수 있다.

등장인물은 주인과 두 하인, 극중 장소는 확실하게 설정되어 있지 않지만 주인의 거실, 시간은 어느 날 낮으로 설정된다.

주인의 신분은 시골의 작은 지역을 다스리는 영주였는데, 볼일이 있어 하인인 다로카자와 지로카자에게 집안일을 맡기고 외출하게 되었다. 외출하려던 주인은 중세 시대에 매우 귀한 물건인 설탕을 두고 집을 비울 일이 걱정되었다. 두 하인에게 설탕을 맡겨 놓고 다녀오기로 마음먹은 주인은 하인을 불렀다. "이 상자 안에 들어 있는 것은 부스라는 독약인데, 독이 아주 맹렬하여 불어오는 바람결에 그 냄새만 맡아도 즉사한다. 적어도 이만큼 떨어져서 조심조심 이 상자를 잘 지키도록 해라." 하고 주인은 신신당부하고 집을 나섰다.

다로교겐「부스」

　처음에는 두 하인이 상자를 잘 지켰으나 시간이 지날수록 상자 속에 무엇이 있는지 궁금해지기 시작하였다. 두 하인은 독이 무서워 망설이다가 마침내 상자를 들여다보니 그 속에는 부스가 아니라 설탕이 들어 있었다. 두 하인은 주인이 당부하던 말도 다 잊어버리고 설탕 상자를 깨끗이 비워 버리고 말았다.
　설탕 맛에 빠져 있던 다로카자와 지로카자는 제정신이 들자 주인이 그렇게 소중히 여기는 것을 다 먹어버렸으니 걱정이 되었다. 두 하인은 궁여지책으로 벽에 걸려 있던 주인의 비장품秘藏品인 족자를 떼어 내 찢어 버렸다. 그것으로는 부족하다고 여겨서 이번에는 주인이 애지중지하는 값비싼 중국제 찻잔을 바닥에 내동댕이쳐서 박살을 내어 방안을 어지러뜨렸다. 이윽고 주인이 돌아와서 방에 들어가 보니, 하인들은 바닥에 벌렁 누워 있었고 바닥은 난장판이 되어 있었다. 주인이 두 하인을 흔들어 깨워 자초지종을 물었다.

하인들이 대답하였다. "주인님이 안 계시는 동안, 이 부스 상자 앞에 꼼짝 않고 앉아서 부스를 잘 지키고 있었습니다. 그러다가 그만 졸음이 오기에 잠을 쫓으려고 둘이 씨름을 하였습니다. 씨름을 하다가 잘못 넘어져서 족자와 찻잔을 깨뜨려 버리고 말았습니다. 그리고 주인님이 그렇게 아끼시는 물건을 깨뜨려 버리고 나니 주인님 뵈올 면목이 없어서 죽어 버리려고 상자 속의 독약까지 먹었습니다. 죽으려고 부스를 한 술 떠먹었지만 숨이 끊어지지 않아서 한술을 더 먹었습니다. 그래도 숨이 끊어지지 않았고, 그래서 한술만 더, 한술만 더 하다가, 한술만 더, 한술만 더…."

이쯤에서 두 하인은 일어나 주인의 주위를 빙글빙글 돌며 춤을 추기 시작하며 주인을 놀려대기 시작하였다. "설탕을 모두 다 먹었지만 죽지 않은 것은 하늘이 도운 일이지. 잘한 일이지. 좋은 일이지, 좋은 일이지, 바보 같은 주인님."

이렇게 노래 부르며, 부채로 주인의 이마를 탁 때리면서 무대 바깥으로 도망간다. 주인은 너무나 뜻밖의 일에 어처구니가 없어, "뭐, 나보고 바보라니. 이놈들, 게 섰거라. 게 섰거라."하며 쫓아 나간다. 하인들은 "용서하세요, 용서하세요."하며 도망간다. 주인은 하인들을 쫓아가며, "누가 저놈들 좀 잡아요, 용서할 수 없다, 용서할 수 없다."하면서 하인들을 쫓아 퇴장하며 교겐이 끝난다.

11.3

가부키

a. 가부키의 어원

　가부키의 어원은 '가부쿠傾く', 즉 '한쪽으로 치우친다'는 동사에서 유래한다. 또한 이상한 차림이나 행동을 가부키歌舞伎라고 하였다. 이형異形을 추구하는 가부키 풍조는 16세기 말에서 17세기 초에 걸쳐서 젊은이들 사이에서 크게 유행하였다. 상식을 벗어난 긴 칼을 차고 다니거나, 3자(0.9미터)나 되는 긴 담뱃대를 사용하거나, 서양이나 동남아시아에서 수입된 호화스러운 물건으로 실내를 장식하는 등, 남의 눈길을 끄는 별난 행동을 하는 자들을 '가부키모노かぶきもの'라고 하였다.

에도 시대의 가부키 극장의 내부

17세기 초에 발생한 전통 연극도 가부키라고 부르게 되었다. 노래歌와 춤舞과 연기演技가 어우러지는 이색적인 공연물이라는 의미로 가부키라는 명칭을 붙였던 것이다. 가부키는 한동안 '歌舞妓'로 표기되기도 했는데, 이는 노래와 춤이 기녀들에 의해서 이루어진 공연물이라는 의미도 지니고 있었기 때문이다.

b. 가부키의 역사

(1) 가부키의 탄생

가부키의 시조는 이즈모出雲 신사의 무녀 오쿠니お国라고 한다. 오쿠니는 1603년 이즈모 대사의 중수를 위한 모금을 위하여 각지를 순회하며 염불을 하고 춤을 추었는데, 이 춤이 가부키의 모태가 되었다. 이 춤은 원래 종교적인 목적의 춤이었으나 이전과는 다르게 연출하여 흥행 면에서도 대성공을 거두게 되었다. 신사 경내의 가설 무대에서 벌인 오쿠니의 별난 춤은 삽시간에 뭇사람들을 매료시킴으로써 일약 인기의 대상이 되었다. 그때까지만 해도 불교의 금지 규율 때문에 여자가 대중적인 무대에 나서는 일은 금지되었다. 그러던 중에 아름다운 미녀들의 가무와 색다른 연기가 사람들의 인기를 끈 것은 당연한 일이었다.

오쿠니는 노래와 춤뿐만 아니라 스스로 남장을 하고 술집에 드나드는 장면, 젊은 작부들과 놀아나는 장면 등을 연기로 보여 주었다. 때로는 샤미센三味線을 들고, 포르투갈 사람들이 입는 이국적인 복장을 하고, 커다란 십자가를 목에 걸고, 치렁치렁 장식한 칼을 차고 무대에 등장하여 관객들을 놀라게 하였다. 이런 복장은 당시로서는 매우 경이로운 것이었기에 사람들의 호기심을 불러일으켰다. 새롭고 색다른 것이면 무엇이든 끌어들여 볼거리로 만들어 유행을 만들어 내는 오쿠니는 화제의 주인공이었다.

(2) 남자배우들만 연기하는 가부키

오쿠니의 인기가 치솟자 그의 행동을 모방한 여성 중심의 가부키 극단이 각지에서 흥행하게 되었다. 가부키가 유행하면서 매춘을 겸하는 배우들이 생겨났다. 당시의 가부키를 여자 가부키 또는 유녀 가부키라고 하였다. 가부키 여자 배우들 때문에 일어나는 풍기 문란 사건이 끊이지 않자 1629년 막부는 가부키 금지령을 내렸다. 그 후 여러 가지 조건을 달아서 가부키가 다시 공연되었으나 여자 배우 대신에 미소년이 여자 배역으로 분장하여 무대에 섰다. 이것을 와카슈카부키若衆歌舞伎라고 하였다.

미소년들이 여장을 한 가부키에서 남자가 하는 여자 배역을 온나가타女方라고 하는데, 이는 가부키의 중요한 요소이다. 그러나 여자 배역을 하는 미소년들이 남색의 대상이 되는 등 풍기가 문란하였다. 그러자 막부는 가부키에 소년들의 출연을 금지하였고, 이윽고 1652년에는 가부키 공연을 금지하였다.

가부키에 종사하는 사람들은 가부키를 부활시키기 위하여 노력하였다. 막부는 1653년 여자 배역을 성인 남자 배우가 맡을 것, 구체적인 스토리를 만들어 연기하도록 할 것 등의 조건으로 가부키 연극을 허가하였다. 이리하여 가부키는 대사와 동작을 주로 하는 연극으로 부활하게 되었다. 노래歌와 춤舞이 엄격히 규제당하게 된 가부키 배우는 기예를 갈고 닦아 극의 내용을 충실히 하는데 힘쓰게 되었다.

남자 배우들이 남자 배역은 물론 여자 배역까지 담당해야만 하였

다. 요시자와 아야메芳沢あやめ라는 명배우에 의해서 체계화된 온나가타의 연기 이념의 근본을 소개하면 다음과 같다. 그 내용의 골자는 평생을 두고 여자로서 생활해야 한다는 신조를 관철하는 생활을 해야 한다는 것이었다. 남자가 완전한 여자로 변신한다는 것은 실제로는 불가능한 이야기이지만, 온나가타를 담당하는 배우들은 이를 과업이라고 생각하였다. 그래서 온나가타 배우들은 철저하게 여성으로 살아가는 법을 실천하면서 여성의 심리와 거동을 자신의 것으로 만들었다. 그러면서도 오히려 여자 스스로도 느낄 수 없는 여성다움을 더욱 섬세하고도 적절하게 표현하였다. 온나가타를 본 사람들이 온나가타가 실제 여성보다 더 아름답다고 느끼는 것은 여성미 자체를 양식화하여 갈고 닦았기 때문이다.

(3) 새로운 취향의 가부키

18세기 중반에는 인형극인 닌교조루리人形浄瑠璃의 인기 작품을 가부키로 각색하여 가부키 레퍼토리를 확충하였다. <스가와라덴주테나라이카가미菅原伝授手習鑑>, <가나데혼추신구라仮名手本忠臣蔵>, <요시쓰네센본자쿠라義経千本桜> 등과 같은 시대물 3대 명작을 비롯하여 가부키의 대표적인 작품이 상연되었다. 연극의 다이내믹한 전개를 위하여 회전 무대가 고안되었으며 음악과 춤, 연출과 기법도 발전시켰다.

그러나 가부키 전성기를 지나 19세기 후반에 이르자 관객들은 더

자극적이거나 감각적인 요소가 많은 것을 선호하게 되었다. 가부키도 새로운 요구에 대응하지 않을 수 없게 되었다. 잔혹한 살인 장면이나 남녀의 사랑을 나누는 장면이 자주 나오는 기제와生世話가 인기를 끌었다. 대표적인 작가는 쓰루야 난보쿠鶴屋南北였다. 그는 시

「스라와라덴주테나라이카가미」

정에서 일어나는 사건을 사실적으로 묘사하되 부분적으로 상상을 가미하여 사람의 흥미를 유발하였다.

악당이나 도적을 주인공으로 하는 이른바 시라나미모노白浪物도 등장하였다. 시라나미란 도둑의 별명으로 후한後漢 말기에 황건적의 잔당이 서하西河의 백파곡白波谷에 숨어서 재물을 약탈했다는 고사에서 유래한다. '백파'를 일본어로 '시라나미'라고 읽기 때문에 같은 발음의 시라나미白浪로 바꾸어 쓰게 되었던 것이다. 시라나미모노 주인공의 특징은 비록 도둑이기는 하나 의리와 인정을 지닌 자라는 점이다. 그래서 연극은 주인공이 인과응보의 도리를 깨닫고 개심한 뒤 처형을 당하는 것으로 끝난다.

한 사람의 배우가 순간적으로 변신하여 여러 역을 맡는 헨게変化 무용도 인기를 끌었다. '헨게'란 사람이나 동물이 다른 동물이나 인물 또는 요괴로 둔갑하는 것을 말한다. 한 배우가 5~7가지 인물로 바꾸어 변장해 가며 무용극을 진행한다. 예를 들면 개로 변신하였다가, 시인으로, 노인으로, 어린이로, 협객으로, 여자로, 원숭이 등으로 계속해서 빠른 템포로 변신하는 과정이 관객들의 큰 흥미를 끌게 되었다.

메이지 시대에 서양 문화가 유입되면서 가부키도 서양 연극의 영향을 많이 받게 되었다. 그러나 가부키는 일본 전통 연극으로서의 본질을 충실히 계승하여 오늘날에도 많은 관객을 확보하고 있다.

(4) 현대의 가부키

현재 가부키는 도쿄의 가부키좌歌舞伎座에서 가장 많이 상연된다. 그 외에도 국립극장, 신바시엔부조新橋演舞場, 메이지좌明治座 등 여러 곳에서 상연된다. 가부키좌를 비롯하여 대부분의 가부키 공연은 하루에 여러 가지 작품을 상연한다. 에도 시대에는 극장에서 하루에 한두 가지 작품만 상연하였으나 지금은 공연 시간이 짧아져서 인기 있는 장면만을 선별하여 상연하고 있다.

공연은 1부(오전11시 ~ 오후 4시경), 2부(오후 4시 30분 ~ 9시 20분경)로 나누어지는데, 1부와 2부 공히 4가지 작품을 상연하고 있다. 막간 시간은 긴 편이다. 특히 식사 시간에는 30분정도의 휴게 시간이 있다. 참고로 에도 시대에는 아침에 가부키 극장에 오면 극장에서 점심 저녁을 먹으면서 하루 종일 가부키를 관람했었다.

c. 가부키의 작품

(1) 분류 방식

가부키 작품은 창작 과정을 기준으로 준가부키純歌舞伎, 기다유가부키義太夫歌舞伎, 신가부키新歌舞伎, 무용극舞踊劇 등 4가지로 분류할 수 있다. 작품의 내용에 따라서 시대물時代物, 세와물世話物, 오이에모노お家物 등으로 구별하기도 한다. 시대물은 고대나 중세의 귀족이나 무사들이 주인공으로 등장하는 역사극을 가리킨다. 세와물은 근세 서민들의 실생활에서 일어난 사건을 다룬 작품들이다. 오이에모노란 근세 무사 사회에서 일어난 사건을 다룬 작품이다. 가부키의 작품 세계는 다양하다. 제7대 이치카와 단주로市川団十郎가 인기 있는 18편의 작품을 공연하여 관객들의 큰 호응을 얻었다. 여기에서 십팔번이란 말이 나왔다. 우리나라에서도 장기長技, 애창곡 등의 뜻으로 쓰이고 있다.

(2) 대표적인 작품

1748년 초연 당시부터 화제가 된 「주신구라忠臣蔵」는 공연만 하면 언제라도 대성황을 이루기 때문에 가부키 극단 기사회생起死回生의 특효약이라 한다. 이 연극의 내용은 1703년에 실제 일어났던 아코赤穂의 무사 47명의 복수 사건이다. 당시 막부의 간섭 때문에 사건을 있

「주신구라」장면

는 그대로 극화하지 못하고 시대적 배경을 무로마치室町 시대로 거슬러 올라간 시점으로 설정하였다.

아코번赤穂藩의 영주 아사노 나가노리浅野長矩는 당시의 참근교대參勤交代 제도에 따라서 에도에 기거하고 있었다. 참근교대는 에도 시대에 막부가 각 지역의 영주, 즉 다이묘大名를 통제하기 위하여 만든 제도이다. 다이묘는 의무적으로 일정기간 에도에 머물지 않으면 안 되었다. 또한 다이묘의 가족들과 가신들을 인질처럼 에도에 상주시켜서 에도 막부를 거스를 수 없도록 하였다. 아사노는 막부의 고관인 기라 요시나카吉良義央의 지휘 아래 천황의 칙사를 접대하는 일을 주관하던 중 나가

노리는 기라와의 의견 충돌로 기라에게 상처를 입히게 되었다. 당시의 쇼군 도쿠가와 쓰나요시德川綱吉는 나가노리에게 자결을 명했다.

주군이 쇼군의 명령으로 자결하면서 아코번 무사들은 졸지에 낭인浪人, 즉 실업자가 되었다. 그러나 아코번의 수상인 오이시 구라노스케大石內藏助를 비롯한 무사들은 흩어져 살면서 가난과 외로움을 견디며 복수의 날을 기다린다. 구라노스케는 주색에 빠진 폐인처럼 보이도록 생활하며 감시의 눈을 피했고, 다른 부하들도 역경을 견디면서 때를 기다렸다. 드디어 약속했던 날 주군을 죽게 한 기라의 저택을 쳐들어가서 창고에 숨어 있던 기라를 찾아 목을 베어 주군의 무덤 앞에 바친다. 이 작품은 주군을 잃은 무사 한 사람 한 사람이 지휘자 구라노스케를 중심으로 고난을 이겨 내며 뜻을 이루는 강렬한 충의를 그린 것이다. 무사들이 주군의 원한을 달래기 위해 복수한다는 이야기는 사람들의 심금을 울렸다.

d. 가부키의 무대장치

(1) 하나미치가 있는 무대

가부키 극장에 가면 독특한 무대 구조를 볼 수 있다. 객석에서 보아 정면에 무대가 있고, 왼쪽에는 무대와 객석을 지나 뒤쪽으로 연결되어 있는 하나미치花道가 있다. 하나미치는 무대 면과 같은 높이로 만든 기다란 마루인데, 배우들이 하나미치를 통하여 등장하거나 퇴장하기도 한다. 배우가 등장하거나 퇴장하는 장면도 연기의 일부이므로 하나미치는 단순한 통로가 아니라 중요 장면을 연기하는 무대의 일부라고 할 수 있다.

주인공이 하나미치로 등장할 때, 반드시 중간에서 멈춰 한 대목을 연기한다. 그 위치는 객석 뒤쪽 막이 드리워져 있는 입구에서 약 7할이 되는 곳, 무대 쪽으로는 약 3할 쯤 되는 지점으로 이곳에서 배우는 멋지게 한 대목의 대사를 읊거나 아름다운 모습과 멋진 포즈를 보여 준다. 이곳은 관객과 배우의 거리가 매우 가까운 곳이다. 배우가 객석 속으로 들어가 관객의 손이 닿을 만큼 가까운 거리에서 친근감을 느끼도록 하려는 연출 방법이다.

배우는 될 수 있는 대로 관객에게 가까이 다가가려 하고, 관객은 조금이라도 더 가까운 위치에서 배우를 대하면서 서로가 친밀감을 나누려 한다. 배우와 관객, 무대와 객석이 하나로 어우러질 수 있도록 만든 장치가 하나미치인 것이다.

하나미치는 노能 무대에 있는 하시가카리橋掛り와 비교된다. 그러나 발상은 같다고 해도 자세히 보면 다른 점이 많이 있다. 하시가카리는 신의 세계와 노 무대를 연결하는 통로이지만 하나미치는 관객이 배우와 교류하는 길이다. 처음에는 관객이 배우에게 선물을 주는 통로에서 발전하였다. 연출할 때 하나미치는 도로나 수로 또는 복도로 활용되는 경우도 있고, 무대가 육지이고 하나미치가 바다나 강이 되는 경우도 있다.

(2) 회전 무대

무대 구조의 또 하나의 특징은 회전 무대를 쓴다는 점이다. 직사각형의 무대 중간에 회전 무대를 설치한다. 회전 무대는 원래 장면 전환을 신속하게 하기 위한 장치이지만, 굳이 막을 내리지 않고, 관객이 보는 앞에서 무대를 회전시키기도 한다. 이 방법은 장소가 옮겨지고 있는 과정이나 전후 장면의 대조적인 분위기로 바뀌는 과정을 시각적으로 느끼도록 하는 매우 효과적인 연출법이다. 회전무대에 의해 동시 진행하는 복수 장면을 흡사 영화나 텔레비전의 연속동작 수법처럼 관객 눈앞에서 전개해 보일 수 있도록 되었다. 회전 무대는 막의 전환에 쓰이는 시간을 절약할 수 있다는 실리적인 기능과 관객들이 장면의 전환 과정까지도 감상할 수 있다는 예술적 효과를 지닌다.

(3) 막 올리기

무대의 천장에는 장면 전환에 쓰이는 여러 개의 막이 준비되어 있을 뿐만 아니라 장면에 따라서 건물이나 큰 도구 등의 무대 장치를 통째로 위로 끌어올리는 리프트 장치도 있다. 눈이 오는 장면에서 종이 눈을 뿌리거나 꽃잎이 날리는 장면 등에 쓰이는 바구니도 준비해 둔다.

가부키 무대에는 주황색, 진초록색, 검정색 등, 세 가지 색깔의 굵은 가로줄 무늬로 된 막이 드려진다. 이 막을 히키마쿠引幕 또는 조시키마쿠定式幕라고도 한다. 신작 가부키나 무용극에서는 상하로 오르내리는 막을 쓰기도 하지만, 전통적인 가부키에서는 사람이 나와 직접 히키마쿠를 좌우로 끌어당겨서 열고 닫는다.

가부키를 시작할 때에는 효시기拍子木 소리를 울리면서 막을 연다. 원래 스모나 인형극에도 쓰이는 효시기는 시작을 알리거나 단락이 바뀔 때, 끝남을 알릴 때 신호용으로 두드리는 나무 막대기를 말한다. 매우 맑고 높은 음을 내는 효시기의 "따악 따악, 딱 따악, 따악 딱"하는 독특한 소리는 가부키 무대의 분위기를 청각적으로 전달하는 효과음 역할을 하도록 고안되었다.

(4) 가부키 음악

무대 좌우에는 가부키 음악을 연주하는 악사들의 자리가 마련되어 있다. 객석에서 보아 무대 왼쪽에는 작은 창을 여러 개 내고, 발을 드려 객석에서는 들여다보이지 않게 만든 공간이 있는데, 이곳을 게자下座라고 한다. 게자는 피리, 샤미센, 징, 목탁, 북 등의 악기를 연주하는 공간이다. 악사들은 쓸쓸한 장면이나 신나는 장면 또는 애틋한 장면을 나타내는 효과 음악을 연주하고, 새 우는 소리나 벌레 울음소리, 비 오는 소리, 뇌성, 시냇물, 파도치는 소리 등을 상징적으로 나타내는 효과음도 낸다.

오른쪽에는 유카床라고 하는 높은 덧마루가 설치되어 있다. 유카는 장면의 정경이나 인물의 동작이나 심경 등을 말과 노래로 전하는 내레이터가 앉는 자리이다. 내레이션은 기다유부시義太夫節의 곡조에 맞추어 하게 되며, 이 내레이터를 다유太夫라고 한다. 다유의 옆자리에는 샤미센으로 기다유부시의 반주를 담당하는 악사가 앉는다. 유카와 게자는 서양 오페라의 오케스트라 박스와 같은 공간이라고 할 수 있다.

e. 배우의 연기와 관객

(1) 양식화된 연기법

가부키 무대에서 이루어지는 연기나 대사는 음악과 더불어 전개된다는 특징이 있다. 관객들은 이미 알고 있는 극의 전체적인 스토리보다는 음악과 더불어 전개되는 극의 각 장면을 즐긴다. 가부키는 리얼리즘을 추구하는 '연극 장르'보다는 오페라나 뮤지컬 등의 '음악극 장르'에 더 가깝다고 할 수 있다. 따라서 가부키는 가벼운 기분으로 즐기는 양식화된 음악극의 일종인 셈이다. 가부키의 양식화된 연출법은 각 장면의 분위기나 등장인물의 성격을 설명해 주며 감정을 고조시키는 역할을 한다.

가부키의 양식성은 배우의 연기에도 많이 나타난다. 화장하는 방법이나 동작, 등장하거나 퇴장하는 방법 등에 이미 정해져 있는 양식을 활용하여 배우가 전하고자 하는 메시지를 보다 설득력 있게 전달할 수 있는 것이다.

미에見得는 배우가 연기하는 중에 감정이 고도로 격앙된 순간이나 절정에 달했을 때, 효시기를 두드리는 소리와 함께 그 멋진 순간의 동작을 그대로 정지시켜 보이는 것을 가리킨다. 관객에게 가장 멋진 연기 대목을 찬찬히 음미할 수 있도록 한 연출법이다.

배우의 멋진 동작의 절정 부분을 정지시켜서 보는 이 과장된 연기법은 실제 상황에서는 도저히 있을 수 없는 장면이다. 하지만 관객들은 미에를 보며 극적 감정을 고조시키고 배우의 멋진 모습을 머릿속에 확실하게 새겨 둘 수 있게 된다.

(2) 독특한 분장법

가부키 배우들은 얼굴에 매우 짙은 화장을 해서 등장인물의 성격을 표현한다. 얼굴에 유성 염료로 붉은 색의 줄이나 파란색의 줄을 그려서 배역의 성격을 인상적으로 표현한다. 대체로 씩씩하고 선량한 사람, 즉 영웅이나 강자 등은 붉은색으로, 악인이나 유령을 나타낼 때는 푸른색으로 그린다. 또한 미남 배역에는 흰색 분장을 하고 악역은 빨간 분장을 하는 것처럼 얼굴을 화장한 색에 의해 단숨에 배역의 유형을 알 수 있는 것도 많이 있다. 그로테스크하며 매우 과장된 화장법을 씀으로써 선인과 악인의 내면적 성격을 외관으로 직접적으로 드러내게 한다. 이 유형화된 화장법을 구마도리隈取라 하는데, 가부키 연출의 중요한 기법이다. 구마란 음영陰影을 말하는데, 하얗게 칠한 얼굴에 골격을 따라 색을 넣어 선을 그리고, 한쪽을 엷게 칠하여 근육과 그림자를 나타낸다. 구마도리는 중국 고전 연극의 화장법인 검보瞼譜에서 힌트를 얻어 형성되었다는 설이 있다. 화장법은 100여 가지 종류가 있다.

영웅이나 초인간적인 강력함을 지닌 인물은 얼굴뿐만 아니라 팔이나 다리에도 강력함을 강조하는 빨간 줄무늬를 그린다. 이러한 인물이 무대 위를 누비고 다니면서 악인이나 악귀惡鬼를 통쾌하게 물리친다.

(3) 무용

가부키에서는 무용을 마이舞, 오도리踊, 후리振의 3요소로 나누고 있다. 마이는 '돌다'라는 말에서 나왔다. 빙글빙글 조용히 도는 것이 기본이다. 오도리는 옛날에는 '약躍'이라는 글자를 사용하여 문자 그대로 약동하는 모습을 의미한다. 후리振는 몸동작을 의미한다. 이 3요소가 복잡하게 조합되어 일본 무용을 이루고 있다.

(4) 세습되는 배우의 이름

가부키 배우의 가업家業은 세습제로 이어지기 때문에 배우들은 어려서부터 오랜 수련 기간을 거쳐서 탄생된다. 연기의 훈련은 철저하고 장기간에 걸쳐서 이루어지며, 일정한 수준에 도달하면 조부나 부형이나 스승의 이름을 이어받아 연기자 생활의 대를 잇게 되는데, 이름을 이어받는 일을 습명襲名이라고 한다. 이 과정에서 이름만 이어받는 것이 아니라 연기의 양식과 팬 그룹도 물려받게 된다.

(5) 히이키

가부키를 매우 좋아하여 배우나 극단을 적극적으로 후원하는 개인이나 단체가 많이 있다. 이런 열렬한 팬이나 팬 그룹을 후원자 또는 단골손님이라는 뜻인 히이키贔屓라고 한다. 히이키는 관극 도중에도 배우들에게 격려를 보내거나 큰 소리로 칭찬하는 말을 하는데, 이를 가케고에掛け声 또는 호메고토바讃辞라고 한다. 관객들은 저마다 '나리타야成田屋', '기노쿠니야紀伊国屋' 등 좋아하는 배우의 별호를 큰 소리로 부르면서 '기다렸다', '왔구나, 왔어', '잘한다', '천하일품' 등의 소리를 외치면서 성원의 뜻을 표시한다.

팬들이 '○○렌추連中'라고 이름을 붙인 팬 그룹을 만들어 가부키를 단체로 관람하며 특정한 배우를 성원하는 풍조는 오랫동안 지속되어

왔다. 극장 앞에는 배우나 극단에 보내는 선물을 쌓아 놓고 배우의 이름과 보낸 이의 이름을 쓴 깃발을 꽂아 놓는다. 일부 팬들은 무대 막에 자기들의 이름을 써서 선물하기도 한다.

때로는 팬 그룹끼리 대립해 싸움이 일어나기도 하지만, 이런 일은 가부키의 발전을 위해서는 오히려 바람직한 일이라고 할 수 있다. 배우들은 좋은 팬을 많이 확보하여 자신의 연기에 대한 평가를 받고 인기를 가늠하기도 한다. 따라서 배우들은 자신의 히이키를 소중하게 여기며 그들의 평에 귀를 기울인다. 명절 때가 되면 정중하게 인사를 하고 후원을 부탁하기도 한다. 근년에는 히이키의 활동 방식도 많이 변하였다. 후원회를 만들고 기관지를 발행하는 방식으로 배우를 지원하고 있다.

11.4

분라쿠

a. 닌교조루리와 분라쿠

원래 한두 사람이 간단한 이동식 장치로 된 인형을 들고 각지를 유랑하며 소규모로 하는 인형극이 있었다. 한편 조루리淨瑠璃라는 형식의 장편 서사시를 노래하며 유랑하는 예능인들이 있었는데 이들을 다유太夫 또는 기다유義太夫라고 하였다. 그리고 샤미센三味線이라는 현악기를 연주하며 각지를 유랑하는 예능인들이 있었는데 이들을 샤미센히키三味線引き라고 불렀다. 각각 활동하던 이 세 부류의 예능인들이 힘을 합하여 비교적 규모가 큰 새로운 인형극을 만들어 관객들의 인기를 끌었는데 이 인형극을 닌교조루리人形浄瑠璃라고 하였다.

이동식 인형극은 한 사람이 인형을 조종하면서 대사를 했기 때문에 인형 동작의 스케일이 작고 대사를 처리하는데도 한계가 있었다. 그러나 조루리와 손을 잡고 인형 조종과 대사 처리를 분담함으로써 더욱 세련된 인형극 연출이 가능하게 되었다. 여기에 악기 반주를 전문으로 하는 샤미센히키가 합세하면서 이전의 인형극이나 조루리와는 전혀 다른 새로운 형식의 연극이 탄생하였다. 이렇게 새로이 탄생한 인형극을 닌교조루리라고 하였던 것이다.

발전을 거듭하던 닌교조루리는 한때 침체기를 겪기도 하였으나, 19세기 오사카의 조루리 명인 우에무라 분라쿠켄植村文楽軒에 의하여 크게 부흥되었다. 그의 뒤를 이은 문하생들은 인형극 전용 극장을 개설하였고, 스승의 이름을 따서 분라쿠좌文楽座라 하였다. 분라쿠좌가 새로운 인형극의 공연으로 많은 인기를 얻자 닌교조루리를 분라쿠文楽라 부르게 되었다.

분라쿠는 처음부터 성인을 관객으로 삼는 인형극이었다. 인형은 인간과는 달리 신체적 제약을 받지 않기 때문에 인형극 특유의 연기 영역을 확보할 수 있었다. 인간의 한계를 넘어서는 표정이나 동작 표현이 가능하기 때문이다. 무대 위에서 순식간에 변신을 한다든지, 하늘을 난다든지 하는 동작은 물론 여인의 얼굴에 나타내는 섬세한 감정도 잘 표현하여 관객에게 색다른 감동을 준다.

분라쿠는 역사의 대변혁기의 시련을 잘 견디면서 인형극의 전통을 유지하여 왔다. 오늘날의 분라쿠는 일본의 대표적인 전통 예능의 하나가 되었다. 분라쿠좌가 있던 오사카의 니혼바시日本橋에는 국립분라쿠 극장国立文楽劇場이 설립되어 이곳을 중심으로 정기공연과 순회공연을 하고 있다.

b. 분라쿠의 구성 요소

(1) 분라쿠의 무대

분라쿠 무대에는 인형 조종자, 인형의 대사와 극의 내용을 노래하는 다유, 샤미센으로 다유 노래의 반주와 배경 음악을 연주하는 샤미센히키 등이 나와서 역할을 분담한다.

무대 중앙에는 연극의 내용에 따라 설치하는 배경과 대도구가 설치된다. 무대의 오른쪽에는 유카床라는 지름 2.5미터 정도의 회전 무대를 설치한다. 유카는 다유와 샤미센히키가 앉는 자리이다. 보통 분라쿠 한 편을 다 부르려면 여러 시간이 걸릴 정도로 길기 때문에 여러 명의 다유와 샤미센히키가 번갈아 가며 각 대목을 분담하여 연주한다. 다유와 샤미센히키는 유카에 나란히 앉아서 연주하다가 다음 사람들과 교대할 때는 그 자리에 앉은 채로 유카를 180도 회전시켜서 퇴장한다. 동시에 반대편 유카에 앉아서 대기하고 있던 다유와 샤미센히키가 등장한다.

인형의 키는 인물에 따라 다르지만 실제 인물보다 조금 작게 만든다. 보통 인물은 1.3미터 정도, 키가 큰 인물은 1.5미터 정도로 만들기 때문에 건물, 장치, 소도구도 이 크기에 맞추어 실제보다 조금 작게 만든다.

무대를 장치하는 방식은 다른 연극과 같지만 무대의 바닥은 다른 연극과는 다르게 인형을 조종하는 사람들이 지나다닐 수 있도록 통로를 낮게 만든다. 이 통로는 무대보다 36센티미터 정도 낮게 만들어 인형 조종자와 인형의 눈높이가 비슷해지도록 한다. 이 통로는 배의 밑창처럼 만들어졌다고 하여 후나조코舟底라고 부른다. 후나조코 앞에는 가림대를 만들어 세워서 객석에서는 그곳이 보이지 않도록 한다.

(2) 다유

중국에서 쓰이던 한자어 태부太夫는 관직명의 한 가지였으나 일본에서는 예능인의 칭호로 쓰인다. 다유는 원칙적으로 한 사람이며 모든 등장인물의 언어와 동작은 물론 내면의 심리 상태 및 정경이나 분위기 묘사에 이르기까지 모든 것을 말로 읊어 표현한다. 기다유부시는 매우 리얼한 대사와 샤미센을 다루는 미묘하고도 조화롭게 작곡되어 있는 노래이다. 수백 명의 관객에게 마이크를 사용하지 않고 육성으로 확실하게 전달하는 재능과 기술이 요구되기도 한다. 대사는 박진감이 있고 생생하여야 한다.

(3) 샤미센

일본의 대표적인 전통 악기의 한 가지로 3현을 퉁겨서 소리를 낸다. 모양은 비파와 비슷하나 몸통은 비파보다 작고 가볍다. 16세기 후반에 오키나와를 거쳐서 일본에 전래되었다. 샤미센의 길이는 1미터이며 비단실을 꼬아 만든 굵기가 각각 다른 세 줄을 건다. 오른손으로 나무로 만든 주걱 모양의 채로 줄을 퉁기며 왼손으로는 줄을 눌러 음정을 조정한다.

샤미센 연주자는 다유를 돕고 때로는 다유를 리드하며 두 사람이 힘을 합쳐 공연한다. 샤미센은 조루리의 템포와 리듬을 결정한다. 매회 상대의 태도에 따라서 즉흥적이고도 긴장감 넘치는 연주를 한다.

(4) 인형 조정자

분라쿠의 가장 큰 묘미는 인형의 다양한 동작과 섬세한 표정이다. 초창기의 인형은 매우 단순한 모양에 표현도 다양하지 못하였다. 그러나 오랜 기간에 걸쳐 인형 조정자들이 인형을 좀 더 정교하게 움직일 수 있도록 인형의 손발과 몸체 그리고 머리의 여러 가지 장치를 고안하였다. 손에 칼을 쥐고 휘두르는 장수의 호쾌한 동작에서부터 바느질을 하는 여인의 섬세한 동작에 이르기까지 인형의 손놀림은 매우 다양한 표현을 할 수 있게 되었다. 섬세한 표현이 가능한 것은 하나의 인형

아시즈카이

오모즈카이

히다리즈카이

에 세 사람이 매달려 인형의 동작을 분담하기 때문이다. 이런 인형 조종 방식을 산닌즈카이三人遣い라고 한다. 이와는 대조적으로 히토리즈카이一人遣い라는 방식은 하인, 시녀, 통행인 등 그리 중요하지 않은 단역이나 동물의 인형인 경우에는 한 사람이 조종한다.

분라쿠 인형의 특징은 산닌즈카이, 즉 인형 하나를 세 사람이 조종한다는 점이다. 한 사람은 인형의 발을 조종하고, 한 사람은 인형의 왼손을, 또 한 사람은 인형의 얼굴과 오른손을 조종한다. 이들의 역

할을 각각 아시즈카이足遣い, 히다리즈카이左遣い, 오모즈카이主遣い라고 한다.

인형 조종자들은 검은색 옷을 입고 검은 색 헝겊으로 얼굴을 가리고 나와서 인형을 조종한다. 인형 조종자들은 인형을 들고 등장하기 때문에 그 모습이 관중에게 드러난다. 그러나 관객이 인형 조종자들을 의식하지 않고 인형에만 관심을 집중하도록 '있지만 없는 것'을 상징하는 검은 복장을 하는 것이다. 인형을 돋보이게 하는 이 복장을 구로고黑衣라고 한다.

인형 조종자들은 모두 구로고를 입고 인형을 조종하는 것이 원칙이지만, 아주 중요한 장면에서 중요한 조종자는 구로고 대신에 얼굴을 드러내고 예복을 입고 조종하는 경우가 있다. 일류 인형 조종자의 얼굴을 보고 싶어 하는 관객들의 요구에 응하기 위해서이다. 이런 연출법을 데즈카이出遣い라고 한다.

인형 조종자는 인형의 형태나 동작을 인간처럼 흉내 내어 연기하는 것이 아니라 그 역할의 이미지를 그려내는 것이 중요하다. 세 사람이 인형 하나를 조정하기 때문에 서로 호흡이 잘 맞아야 인형의 동작 하나하나가 생명력 있는 표현을 할 수 있다. 이렇게 되기 위해서는 오랜 숙련 기간이 필요하다. 인형의 발만 조정하는 아시즈카이 수련과정이 10년, 왼손 조정의 히다리즈카이 수련 과정이 10년 걸리는데, 이런 오랜 수련을 거치고 나서야 비로소 가장 중요한 역할인 오모즈카이를 담당할 수 있게 된다. 즉 완전한 인형 조정자가 되는 데 적어도 20년이라는 수련 기간을 거쳐야 하는 것이다. 인형 조종자의 예명은 많이 있지만 일반적으로 지금은 요시다吉田, 기리다케桐竹, 도요마쓰豊松 등으로 짓고 있다.

(5) 유형화된 분라쿠의 인형

여러 분라쿠 작품에 등장하는 인물은 수없이 많지만, 현재 분라쿠에 쓰이고 있는 인형 머리의 종류는 한정되어 있다. 초창기인 17세기에는 새로운 작품을 창작할 때마다 등장인물에 맞추어 인형의 머리를 새로 만들었다고 하지만, 이후로는 한 번 만들어 두었던 인형의 머리를 다른 작품에 다시 쓴다.

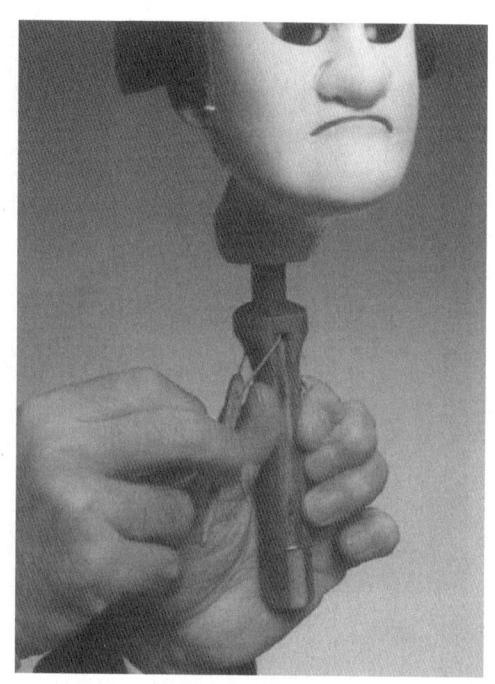
인형 머리 부분의 구조

현재 쓰이고 있는 인형 머리의 종류는 약 40가지이다. 이 인형들은 의상을 바꾸어 입히고 다른 소도구를 들리고 머리 모양을 바꾸어 다른 작품에 다른 등장인물로 나온다.

　남자 인형 머리의 이름을 몇 가지 소개하면 입을 다문 분시치文七, 입을 벌릴 수 있는 분시치, 겐비시檢非違使, 오단시치大団七, 고단시치小団七, 겐다源太, 고메이孔明등이 있다. 여자 인형은 아가씨인 무스메娘, 젊은 기녀인 신조新造, 이름 있는 기녀인 게이세이傾城, 나이 든 기녀인 후케오야마老け女形, 악한 노파인 야시오八汐와 와루바바悪婆등이 있다.

　이 밖에도 동물의 얼굴인 「서유기」의 손오공孫悟空, 저팔계猪八戒가 있고, 아리따운 아가씨가 한순간에 요상한 여우로 둔갑하는 것도 있다. 미녀로 변신해 있던 요고妖狐가 갑자기 본색을 드러내는 장면에는 두 개의 인형을 순식간에 바꾸는 순발력 있는 연출법을 쓴다. 인형 가운데는 선악善惡 또는 미추美醜 등 일순간에 대조적인 얼굴로 변신하도록 장치된 인형도 있다. 나시와리梨割り나 멘오치面落ち 등의 이색적인 인형은 얼굴을 이중 구조로 만들어 두었다가 순간적으로 모습이 바뀌도록 장치를 하는데, 이런 대목은 인형 조종자들이 실력을 발휘하는 대목이자 관객들이 열광하는 대목이기도 하다.

　인형의 머리는 오동나무나 노송나무를 깎아서 만들고, 속을 파낸 뒤에 눈동자나 눈썹 또는 입이나 턱을 조종하여 다양한 표정을 나타낼 수 있도록 여러 가지 장치를 한다.

　인형 머리의 움직임과 표정은 오모즈카이가 담당하는데, 머리통 아래 부분에 손잡이를 만들어 쥐고 조종한다. 손잡이에는 눈이나 눈썹, 입을 움직이기 위한 갈고리가 달려 있어서, 이를 돌리기도 하고 당겼다 늦추었다 하면서 여러 가지 표정을 나타낸다.

인형은 머리와 손발은 만들어 달지만, 몸통 부분은 따로 만들지 않고 옷을 내려뜨려서 몸체가 있는 것 같은 실감이 나게 한다. 특히 여자 인형은 원칙적으로 발이 없고, 기모노의 옷자락으로 발이 있는 것처럼 연기한다.

여자 인형은 나이가 18세 이상인가 이하인가에 따라서 아가씨 인형과 노파 인형으로 구분한다. 처녀나 새색시를 나타내는 미녀 인형은 하얀 얼굴에 빨갛게 연지를 바르고, 입이 작은 것이 특징이다. 이런 인형의 입술 오른쪽에는 눈에 뜨이지 않을 정도로 작은 못을 박아 둔다. 이 못은 수건이나 소매를 걸어서 이를 깨물어 울음을 참는 표정을 연기할 때 쓰인다.

인형 왼손의 움직임은 히다리즈카이가 담당한다. 손은 떼었다 붙였다 할 수 있게 되어 있는데, 남자 손과 여자 손은 크기와 색깔이 다르다. 손가락, 손목, 팔꿈치는 관절이 있는 것처럼 움직일 수 있도록 만든다. 옷소매로 내민 손의 미세한 움직임은 인형의 팔꿈치 뒷부분에 붙어 있는 장치로 조종한다.

분라쿠는 인형을 통하여 연기를 한다는 데 묘미가 있다. 인형이기 때문에 인간의 육체로는 표현할 수 없는 연극적으로 과장된 동작을 표현할 수 있다. 인간의 육체를 표현하되 인간의 한계를 넘어서는 동작을 표현하는 인형은 남자를 더욱 남자답게, 여자를 더욱 여자답게 연기하여 감정을 고조시킨다.

이런 경지에 이르면 분라쿠의 관객은 시공을 넘나드는 인형의 연기를 통하여 작품 세계에 도취되는 연극적 즐거움을 누리게 되는 것이다.

c. 분라쿠의 장르

(1) 시대물

분라쿠는 주제와 내용에 따라서 시대물時代物, 세와물世話物, 게이고 토景事 등으로 분류된다. 시대물이란 역사를 배경으로 귀족과 무사들 사이에서 일어난 사건을 소재로 다룬다. 이 가운데서도 특히 헤이안 시대 귀족의 양대 세력이었던 미나모토씨源氏 가문과 다이라씨平氏 가문 사이의 대립을 배경으로 하는 작품이 많다. 이런 작품으로는 「오슈아다치가하라奥州安達原」, 「요시쓰네센본자쿠라義経千本桜」등이 널리 알려져 있다.

헤이안 시대 전기의 귀족들의 활약을 그린 시대물은 대시대물大時代物 또는 왕대물王代物이라 하며, 「이모세야마온나데이킨妹背山婦女庭訓」, 「하데쿠라베이세모노가타리競伊勢物語」, 「스가와라덴주테나라이카가미菅原伝授手習鑑」등이 자주 공연되고 있다.

에도 막부는 각종 집회나 공연물에 일정한 기준을 정하여 통제하였다. 특히 가부키나 분라쿠는 서민의 여론을 선도하는 데 영향력을 발휘하고 있었다. 그래서 쇼군 가문을 소재로 하거나 당시의 정치적 사건을 각본화하는 일이 엄격하게 금지되어 있었다. 특히 막부를 비판하거나 풍속을 해친다고 판단되는 내용의 공연을 금지하였다. 그래서 극작가와 연출가들은 있는 사실을 그대로 무대 위에 올리지 않고 사실을 극적으로 재구성하여 상연하였다. 사건과 관련된 인물의 이름을 바꾸고, 사건의 배경도 에도 시대가 아니라 가마쿠라 시대나 무로마치 시대로 설정하여 단속을 피하였다. 예를 들면, 에도 시대에 실제로 일어났던 무사들의 집단 복수 사건을 극화한 작품인 「주신구라忠臣蔵」가 있다. 1702년에 일어난 47무사의 복수 사건은 당시 사람들의 관심을 끌었다. 분라쿠 종사자들은 이 사건을 다루면 흥행에 성공할 것이라고 확신하였다. 그러나 그 사건을 그대로 무대에 옮겨놓을 수 없었다. 그래서 실제 사건의 골격은 그대로 유지하되 시대적 배경을 400년 전으로 거슬러 올라간 가마쿠라 시대로 설정하고 등장인물의 이름과 관직명을 바꾸어 극화하는 수법을 썼다. 이런 수법으로 작품을 쓰다 보니 스토리 전개의 모순이 발견되기도 하지만 관객들은 이런 점에는 별로 개의치 않고 분라쿠를 즐기며 무사들의 용기에 갈채를 보냈다.

시대물의 작품 수는 다른 장르보다 많아 분라쿠의 주류를 이루고 있다. 또한 연출이나 연기, 작곡 등의 면에서 과장되는 면이 많고, 의상이나 무대도 화려하며 양식성이 강하다는 특징이 있다. 시대물은 역사적 사건을 다룬다고 하지만 순수한 역사극이라고 할 수 없다. 오히려 그 양식화된 연출, 과장된 사건과 인물 등을 감상하며 즐거워하는 것이다.

(2) 세와물

세와물世話物은 세상世에서 일어난 이야기話를 다루는 장르이다. 세와물은 에도 시대의 상공인의 생활과 풍속을 배경으로 서민들의 연애 따위를 주제로 한 작품을 말한다. 주로 서민들 사이에 일어났던 사건을 소재로 하였다. 따라서 세와물은 관객들의 피부에 와 닿는 이야기로 공감을 얻을 수 있었다. 세와물의 또 하나의 주제는 의리와 인정의 묘사였다. 이런 작품에는 당시 인기 씨름꾼, 즉 스모토리相撲取り나 협객을 주인공으로 하는 경우가 많다.

에도 후기인 19세기 초에는 서민 가운데서도 특히 하층 서민을 주인공으로 하여 그들의 생활을 매우 사실적으로 묘사하는 작품이 나와 인기를 누리기도 하였다. 그러나 세와물 가운데서도 가장 인기 있었던 주제는 남녀 간의 사랑을 다룬 작품이었다. 특히 이승에서 못다 이룬 사랑을 저승에서나마 이루기 위해 남녀가 함께 자살하는 신주心中 사건이 많이 상연되었다.

17세기 말 교토와 오사카를 중심으로 신주 사건이 유행병처럼 번졌는데, 그럴 때마다 분라쿠로 작품화되어 화제를 모으곤 하였다. 근세 일본의 신주는 매우 극적인 요소를 띠고 있었다. 젊은이들의 순수한 사랑이 주위의 장애 요소 때문에 한계에 부딪혔을 때, 이를 극복하기 위해서 선택하는 신주를 멋있는 일, 용기 있는 일로 여겼던 풍조가 있었다.

1703년에 초연된 지카마쓰 몬자에몬近松門左衛門(1653~1724)의 작품 『소네자키신주曾根崎心中』는 오사카의 유곽에서 일어났던 유명한 정사 사건을 극화한 세화물이다. 이 작품은 폭발적 인기를 얻었을 뿐만 아니라, 최초의 본격적 정사극이자 성공한 분라쿠로 일본 연극사에 중요한 위치를 차지하고 있다.

(3) 게이고토

게이고토

서정적인 아름다운 문장에 화려한 선율을 첨가한 단막짜리 짧은 작품이다. 인형의 연기도 무용 요소가 중요한 구경거리가 되며 시청각적으로 즐거움을 주는 작품이다. 처음부터 게이고토景事로 된 작품도 있지만, 어떤 작품의 일부가 게이고토식으로 연행되기도 한다.

　게이고토는 일반적인 기다유부시와는 달리 여러 명의 다유와 샤미센이 함께 연주하는 형식을 취한다. 샤미센이 우위에 서는 입장을 취하며 다유도 소리를 띠워 가볍게 노래 부르듯이 읊조린다. 사실적 연기보다는 인형도 우아하게 춤추는 듯이 움직이는 무용적인 요소가 강한 것이 특징이다.

　게이고토에는 「모미지가리紅葉狩」, 「쓰리온나釣女」, 「고카지小鍛冶」, 「고토부키 시키산바소壽式三番叟」 등이 있다.

d. 대표적인 작품

　『소네자키신주』의 작품 무대는 오사카의 시내이며, 주인공은 간장 상점 히라노야平野屋의 점원 도쿠베德兵衛와 유곽 덴마야天満屋의 유녀遊女 오하쓰お初이다. 도쿠베와 오하쓰는 이미 장래를 굳게 약속한 사이였다. 두 사람은 틈틈이 시간을 내어 남의 눈을 피해 사랑을 나누곤 하였다.

　도쿠베의 가게 주인은 도쿠베의 부지런함과 사람됨이 마음에 들어 도쿠베의 계모에게 돈 2관을 선금으로 주면서까지 자기 상점에 근무하게 하려고 하였다. 주인은 그 돈을 자신의 처조카 결혼 지참금을 미리 준 것이라고 하며 처조카와 도쿠베를 결혼시키고 언젠가는 상점도 물려주려고 마음먹고 있었다.

주인은 도쿠베에게 처조카와의 혼담을 꺼냈으나 이미 오하쓰를 아내로 맞이하기로 작정한 도쿠베는 거절해 버린다. 도쿠베의 거절에 분개한 주인은 돈을 곧 되돌려 달라고 하였다. 도쿠베는 돈을 찾으러 계모에게 갔다. 쉽게 내놓지 않는 계모를 달래고 얼러서 마감일에 7일 앞서 돈을 찾아 가지고 온다.

이때 마침 도쿠베는 기름 상점의 점원이자

「소네자키신주」

친구인 구헤지九平次를 만났다. 구헤지는 급히 돈이 필요하다며 3일 동안만 빌려 달라고 애원하였다. 도쿠베는 구헤지가 의리를 지키리라고 믿고 돈을 빌려 주었다. 그러나 약속한 날이 되고 하루가 지났으나 구헤지는 나타나지 않았다. 도쿠베는 구헤지를 찾아 나섰다. 그러나 구헤지는 돈을 갚으라는 도쿠베의 말에 오히려 화를 냈다. 구헤지는 도쿠베에게 지금까지 돈을 한 푼도 빌린 일이 없다며 시치미를 딱 떼어 버렸다. 어처구니가 없어진 도쿠베는 구헤지의 도장이 찍힌 차용 증서를 내밀었으나 구헤지는 적반하장이었다. 그 도장은 자신이 잃어버렸던 도장인데 도쿠베가 마음대로 차용 증서를 위조했다며 차용 증서를 빼앗아 버렸다. 뿐만 아니라 구헤지와 친구들이 달려들어 도쿠베에게 뭇매를 가하기 시작하였다.

　오하쓰는 싸움을 말리려고 했으나 유곽 주인이 가마를 보내서 오하쓰를 데리고 가 버렸다. 친구들은 뭇매를 놓고 도망가 버렸고, 오랜 뒤에 겨우 정신을 차린 도쿠베는 오하쓰가 있는 유곽 덴마야를 찾아갔다. 도쿠베는 삿갓으로 얼굴을 가리고 덴마야에 당도했으나 그대로 안으로 들어갈 수 없었다. 도쿠베를 알아본 오하쓰는 슬그머니 문 밖으로 나가 도쿠베의 삿갓 안에 얼굴을 들이밀었다. 덴마야 안에서 오하쓰에게 빨리 들어오라는 재촉 소리가 들렸다. 오하쓰는 도쿠베에게 우선 안으로 몰래 들어가서 마루 밑에 숨어 있으라고 하였다. 마루 밑에 사람이 숨어 있는 줄도 모르고 유곽의 손님들이 도쿠베가 나쁜 놈이라고 떠들어댔다. 오하쓰는 참고 손님들을 응대했고 마루 밑의 도쿠베는 마루에 걸터앉아 손님들과 이야기를 나누는 오하쓰의 발에 얼굴을 비볐다. 이 장면은 도쿠베가 오하쓰와의 사랑을 확인하는 비극적인 장면으로 이 극의 중요한 대목이다.

　마루 밑에 사람이 있다는 것은 꿈에도 모르는 채, 오하쓰에게 흥이 나서 이야기를 걸고 있는 유곽의 손님들, 얻어맞아 흉한 몰골이 된 채

마루 밑에 숨어 있는 도쿠베의 모습은 매우 대조적이다. 또한 이런 틈바구니에서 고통을 참아 내고 있는 오하쓰의 모습은 극 중의 긴장감을 고조시키고 있다. 이런 긴장된 상황 속에서 오히려 두 사람에게 뜨거운 사랑을 확인하게 된다. 그리고 함께 죽음의 길을 택하자는 의지를 굳히게 된다.

밤이 깊어 손님들도 돌아가고 사방이 조용해지자, 두 사람은 유곽을 몰래 빠져나와 죽음의 길로 달려간다. 이때 도쿠베의 나이는 25세, 오하쓰는 19세였다. 이른 새벽녘, 소네자키曾根崎 신사의 숲에 당도한 두 사람은 저승에서는 함께 행복하게 살자고 약속하였다. 그리고 나무아미타불을 염불하면서 죽을 자리를 찾는다. 이윽고 도쿠베의 칼이 오하쓰의 목을 깊숙이 찌르자 오하쓰는 천천히 숨을 거둔다. 도쿠베는 오하쓰의 애처로운 모습을 보면서 바로 뒤를 이어 자신의 목을 찌른다. 이 절정 장면에서 인형 조정자들은 심혈을 기울여 연기하며 다유들의 노래는 긴장감 속에 고조된다. 고통으로 일그러진 두 사람의 신음 소리가 들리더니 이윽고 그 소리조차 멎고 주위는 조용해진다. 뒤이어 이 남녀의 이야기는 틀림없이 사랑하는 사람들의 귀감이 되리라는 다유들의 에필로그 노랫말과 함께, 분라쿠「소네자키신주」의 막이 내린다.

11.5

라쿠고

a. 라쿠고의 성립과 변천

(1) 라쿠고의 발생

라쿠고落語는 익살스러운 이야기로 매우 재치 있게 전개하는 만담이다. 결말에는 오치落ち 또는 사게下げ라 하여 엉뚱한 방향으로 결말을 이끌어 다시 한 번 큰 웃음을 자아내며 끝내는 전문적인 이야기꾼의 무대 예술이다. 라쿠고의 특징은 무대 위에서 관객을 대상으로 하는 우스개라는 점과 이야기의 흐름을 반전시키는 오치라는 결말 부분을 갖는다는 점이다.

　라쿠고는 와게이話芸의 한 종류이다. 와게이는 연기자가 몸으로 하는 동작이나 도구에 크게 의존하지 않고 연기자의 입담 능력을 중심으로 전개하는 무대 예술을 말한다. 와게이의 연기자는 혼자서 목소리와 몸짓을 통하여 많은 배역을 소화해 낸다. 와게이는 라쿠고 이외에 영웅담이나 교훈적이며 서사적인 이야기를 혼자 앉아서 전개하는 고단講談, 두 사람이 서서 재담을 주고받는 형식으로 진행되는 만자이漫才, 항간의 소문이나 세태를 비평하거나 우스개로 끝내는 만담漫談 등이 있다.

　요즈음과 같은 형식의 라쿠고는 16세기 후반부터 17세기 초에 형성되었다고 한다. 16세기에 간행된 『기겐요키슈戯言養気集』나 17세기 초에 간행된 『기노와교노모노가타리昨日は今日の物語』 등에는 다수의 익살스러운 이야기가 수록되어 있어 라쿠고의 출발점으로 여긴다. 이런 책을 대본으로 삼아 이야기 전문가로서 활동한 오토기슈御伽衆의 우스개가 라쿠고의 시원이 되는 것이다.

　16세기 후반에 승려이자 다인인 안라쿠안 사쿠텐安楽庵策伝은 서민들 사이에 널리 회자되던 우스개 1,000여 편을 모아 소화집笑話集을 냈는데 이를 『세이스이쇼醒睡笑』라고 한다. 책 이름은 잠을 깨고 웃는다는 뜻으로 이후의 라쿠고에 큰 영향을 미쳤다. 저자는 어려서부터 들은 우스개를 세련된 필치로 정리하였을 뿐만 아니라, 여러 다이묘에게 이야기를 들려주기도 하였다. 불특정 다수의 관중 앞에서 연기한 것은 아니지만, 여러 사람 앞에서 매우 흥미롭게 우스개를 연기했기 때문에 라쿠고의 원조라는 평가를 받기도 한다. 이 책에 실려 있는 이야기는 승려인 저자가 신도들에게 설교할 때 쓰는 예화집이기도 하지만, 대부분의 이야기 결말 부분에 오치가 있다는 점은 라쿠고의 구조와 같다.

(2) 에도 시대의 라쿠고

17세기 말 교토와 에도 같은 대도시에는 길거리에서 군담軍談이나 강담講談을 하며 돈을 받는 이야기꾼이 있었는데 이를 쓰지바나시辻話라고 한다. 쓰지바나시는 길거리에 천막을 치거나 칸막이를 하고 청중을 불러들여 가볍고 익살스러운 이야기를 들려주었다. 이런 흥행이 차츰 인기를 얻자 신사나 경내에서 입장료를 받고 공연하기도 하였고 귀인의 집에 초청을 받기도 하였다.

그런데 1693년 전염병이 돌았을 때 어떤 사람이 전하기를 말이 사람 목소리로 "남천 열매와 매실 장아찌를 고아 먹으면 효능이 있다."고 게시하였다고 하였다. 그러자 남천 열매와 매실 장아찌 값이 폭등하는 대소동이 일어났다. 나중에 조사해 보니 어느 낭인이 떼돈을 벌려고 채소가게 주인과 공모하여 헛소문을 낸 것임이 판명되었다.

말이 사람 소리를 했다는 것은 라쿠고가 시카노 부자에몬鹿野武左衛門(1649~1699)이 쓴 라쿠고 모음집 『시카노마키후데鹿の巻筆』가운데 나오는 이야기이다. 낭인이 별생각 없이 이 라쿠고를 듣고 힌트를 얻어서 헛소문을 퍼뜨렸다고 자백하자, 그 책을 쓴 시카노 부자에몬은 멀리 떨어진 섬으로 유배를 가게 되었다. 이 사건으로 라쿠고는 기세가 꺾이게 되었다. 그 후에도 라쿠고는 때때로 권력의 통제를 받으며 부침을 거듭하였다.

18세기 말 해학을 비속한 분위기로 표현하던 정형시인 교카狂歌가 유행하면서 에도에서 라쿠고가 다시 활기를 띠기 시작한다. 그러자 라쿠고를 좋아하는 사람이 요리점을 빌려 청중을 모아놓고 우스개를 하는 모임이 열렸다. 이런 모임이 차츰 다양해지고 횟수도 늘어나면서 차츰 직업적으로 라쿠고를 하는 사람이 나타나면서 라쿠고의 중흥기를 맞이하였다. 이 시기에 활약하던 라쿠고가 산유테이 엔쇼三遊亭円生, 산쇼테이 가라쿠三笑亭可楽 등이 흥행에 성공하였다.

거의 같은 시기에 오사카의 신사 경내에서 라쿠고를 상설 공연하였는데, 오사카 특유의 유머를 쓰는 라쿠고가 등장하였다. 이 가운데서도 초대 가쓰라 분지桂文治는 많은 제자를 길러 내며 가쓰라파桂派의 원조가 되었다. 오늘날까지 직계 제자는 가쓰라 분지라는 예명을 이어받고 있다.

이 무렵 오사카에 라쿠고나 고단을 전문으로 하는 공연장인 요세寄席가 설치되어 상업적인 공연을 시작하였다. 당시 가부키나 분라쿠 등 화려한 공연물이 많았던 시대에 라쿠고는 매우 소박한 형식의 공연물이자 입장료도 저렴하여 서민의 인기를 끌었다. 요세 경영자들은 보다 많은 관중을 모으기 위하여 와게이뿐만 아니라 음악, 무용, 요술 등을 도입하여 무대를 화려하게 꾸미려고 노력하였다.

19세기에 들어오면서 라쿠고는 정세의 변화에 따라 부침을 거듭하였으나 요세가 증가하여 에도 시내에 약 390개소가 운영되고 있었을 정도로 번창하였다.

(3) 근대의 라쿠고

메이지 정부는 전통 예술에 대하여 통제를 가하였다. 산발적으로 활동하는 라쿠고가를 단체에 편입시켜 통제하는 한편, 단체를 통하여 세금을 부과하기도 하였다. 당시 연극 개량운동이 전개되었다. 라쿠고 관계자들도 요세를 개량하고 라쿠고의 내용도 외설적인 것을 피하는 등 개량 운동에 동참하였다.

이 시기에는 서로 다른 양식으로 전개되던 도쿄와 오사카 간의 라쿠고가 활발하게 교류하였다. 라쿠고 연구회가 발족하여 라쿠고의 질적 발전을 꾀하기도 하였다. 한편 라쿠고 공연을 근대적인 공연 사업으로 발전시키려는 연예 회사를 설립하기도 하였다. 그러나 이런 호황은 오래 지속되지 못하였다. 1923년 관동대지진으로 도쿄에 있던 시설이 파괴되어 공연 무대를 잃게 되었다. 그 후 영화가 융성기를 맞이하고 경제적으로 불경기를 맞자 라쿠고가들이 다른 직업으로 전환하였다. 중일전쟁이 시작되면서 라쿠고는 침체기를 맞이하였다. 라쿠고가는 군인으로 입대하기도 하고, 군부대를 찾아다니며 공연하는 위문단에 편입되었다.

(4) 현대의 라쿠고

전쟁이 끝난 후 라쿠고계는 얼마 남지 않은 요세에서 공연을 재개하며 새 출발하였다. 그 후 방송과 여러 홀에서 공연하는 기회가 늘어나면서 라쿠고가가 무대로 복귀하며 황금기를 맞이한다. 이들은 몇 개의 분파를 이루어 각기 특색 있는 라쿠고를 공연하였다. 대학을 졸업한 지식인 출신 라쿠고가가 등장하고, 라쿠고를 전용 극장인 국립연예장 國立演藝場이 설립되고, 라쿠고가가 인간 국보로 지정되면서 라쿠고계는 크게 발전하였다.

오늘날 라쿠고는 육체적이나 정신적으로 도움이 된다고 하여 크게 주목받고 있다. 이런 시대적 요청에 따라 라쿠고라는 전통문화가 문화 산업의 일종으로 주목을 받고 있다. 라쿠고가를 육성하고, 요세를 운영하는 사업은 현대의 웃음 산업 분야가 되었다. 현대의 웃음 산업은 전통 무대 예술뿐만 아니라, 매스컴에 출연하는 가수, 코미디언, 탤런트, 사회자 등을 양성하고 출연시키는 종합적인 흥행 시스템을 구축하여 방대한 시장을 구축하였다.

b. 라쿠고의 분류

라쿠고는 줄거리가 짤막해도 결말이 멋진 오치 부분이 있으면 그것으로 좋은 평가를 받는다. 길거리에서 지나가는 행인을 불러놓고 라쿠고를 할 때는 그런 방식이 호응을 얻었다. 그러나 입장료를 내고 요세에 들어온 관중은 보다 진지하고 복잡한 줄거리를 지닌 이야기를 기대하게 되고, 이에 부응하는 다양한 양식의 라쿠고를 선보이지 않으면 안 된다.

라쿠고를 분류하는 방식은 이야기의 배경에 따른 분류, 등장인물의 신분이나 성격에 따른 분류, 이야기의 주제에 따른 분류 등 무엇을 기준으로 하는가에 따라서 다양하게 분류할 수 있다. 한편 창작된 시기나 전개 방식을 기준으로 고전과 신작으로 나누기도 한다.

(1) 고전 라쿠고

고전 라쿠고라는 용어는 전후에 라디오 방송의 프로그램 명칭으로 쓰이기 시작했다. 그러나 어디까지가 고전이고 어디부터가 현대인가 정확하게 구분하기는 쉽지 않다. 고전 라쿠고의 특징으로 에도 시대에 시작되어 메이지 시대에 성숙된 작품, 그 시대의 풍속을 반영하고 있는 작품, 대부분의 경우 작자를 알 수 없다는 점 등을 들 수 있다.

유명한 고전 라쿠고로는 상인이 횡재하여 부자가 되는 꿈을 그린

「시바하마芝浜」, 약간 모자라는 형제가 술장사에 나서지만 결국 서로 술만 축내고 만다는 「하나미자케花見酒」, 나이가 들어 손님의 발길이 뜸해진 유녀가 애꿎은 남자를 꾀어 동반 자살하려다가 실패한다는 「시나가와 신주品川心中」, 첩을 둔 남편이 아내와 첩 사이를 오가며 밤새 고생한다는 이야기인 「곤스케초친權助提燈」등이 있다.

(2) 신작 라쿠고

신작 라쿠고란 1910년대 이후에 창작된 작품으로 대부분이 현대인을 주인공으로 풍속을 묘사하지만 더러는 에도 시대를 배경으로 하기도 한다. 대부분의 경우 작자가 밝혀져 있다. 현대 문물이나 현대인의 생활을 묘사하기 때문에 고전 라쿠고와는 전혀 다른 느낌을 준다.

유명한 신작 라쿠고 작품으로는 현대 사회를 풍자하는 「젠자이 공사ぜんざい公社」, 술 다섯 되를 마시게 해 준다기에 정말 마실 수 있을까, 시험 삼아 먼저 다섯 되를 마셔 보았다는 술이 센 사나이의 「시험삼아 마신 술試し酒」, 가장 인기 있는 구경거리인 호랑이가 죽어 버리자 동물원에서는 사람에게 호랑이 가죽을 뒤집어씌워 대신 우리를 어슬렁거리게 하다가 사자와 마주치게 된다는 「동물원動物園」등이 있다.

c. 라쿠고의 구성요소

(1) 라쿠고의 제재

라쿠고의 제재는 무엇이나 가능하기 때문에 주인공의 직업이나 모습도 매우 다양하지만 일반 서민이 대부분이다. 일반 서민 가운데서도 조닌町人, 즉 도시 상공인이 가장 많이 등장한다. 물론 무사나 농민이 주인공이 되는 경우도 있지만, 그 경우에도 조닌의 눈으로 보는 무사나 농민을 묘사한다. 배달부, 목수, 미장이, 대장장이, 꽃가게 주인, 식당이나 찻집 주인, 직업 소개인, 전당포 주인, 고물상, 여관집 주인, 점원, 가마꾼, 곡예사 등 다양한 주인공이 등장한다.

(2) 마쿠라

라쿠고 공연의 전형적인 방식은 요세寄席라는 전문 공연장에서 공연된다. 무대는 특별한 장치나 도구가 없고, 라쿠고가가 객석을 향하여 혼자 앉아서 생활 주변의 이야기로 관객의 이목을 집중시킨다. 이런 도입부는 베개라는 뜻의 마쿠라枕라고 한다. 이야기가 차츰 본론으로 들어가며 마지막 부분에는 엉뚱하게 반전되어 큰 웃음을 자아내며 공연을 끝내는 식으로 구성한다.

(3) 오치

라쿠고를 듣는 관객은 과장된 세계를 머릿속으로 상상하면서 고조되었다가 과장이 극에 달하면 문득 깨달으며 현실로 돌아오게 된다. 이때 즐거운 상상의 세계로부터 현실 세계로 떨어진다는 것, 이 떨어짐을 일본어로 오치落ち라고 하며 오치에는 기상천외의 다양한 방식이 존재한다. 오치의 예를 들면 다음과 같다.

"아 비둘기가 무언가 떨어뜨렸네..." "응", 여기서는 '응'이라고 번역했는데, 일본어로는 '훈'이다. '훈'은 승낙한다는 뜻을 나타내는 흔히 쓰는 응답이지만, 통명스럽게 내뱉듯이 상대방을 우습게 여기며 우리말로 '흥'하는 정도로 내뱉는 말이기도 하다. 그러나 '훈'에는 또 한 가지 '분糞' 즉 똥이라는 뜻이 있다. 당신 머리 위에 비둘기가 무언가 떨어뜨렸다는 것을 알려주는 친절을 우습게 여기고 '흥'하며 콧방귀를 뀌었지만, 사실 머리 위에 비둘기 똥이 떨어지는 것을 일러준 말이라는 것을 깨달았을 때는 이미 늦었다는 뜻을 동시에 나타내고 있다. 여기서 '흥'이 나타내는 2가지 의미 사이의 낙차落差야 말로 라쿠고 용어로 '오치'인 것이다. 이와 같은 오치의 즐거움은 라쿠고의 필수적인 조건이자 오치를 얼마나 멋지게 처리해내는가에 따라서 라쿠고 작품의 성패가 갈리게 된다.

(4) 전용극장과 소도구

메이지 시대의 요세

오늘날에도 라쿠고 전용 극장인 요세가 운영되고 있다. 관객은 원할 때 언제든지 감상할 수 있다. 독특한 서체로 쓴 간판을 단 요세는 극장처럼 입구에 공연물의 안내판을 내걸고, 축제 분위기를 자아내기 위해 등롱을 내건다.

내부는 객석과 무대, 분장실 등으로 구성된다. 무대는 특별한 장식물이 없이 단순하게 꾸며 관객이 배우의 연기에 집중하도록 한다. 배우는 소도구로 쓰이는 접는 부채와 수건만 가지고 등장한다. 부채는 다양한 용도로 쓰이는데, 이야기의 내용에 따라서 젓가락, 붓, 지팡이, 칼, 술잔, 주판, 담뱃대 등을 상징적으로 나타낸다. 수건은 접기도 하고 적당한 크기로 펴기도 하여, 담배쌈지, 장부책, 두건, 지갑, 편지지 등을 나타내며 연기의 보조 도구가 된다.

d. 라쿠고가

(1) 라쿠고가의 입문

라쿠고가가 되려는 사람은 일단 스승을 찾아가서 제자로 받아 주기를 청한다. 일단 제자로 받아들이면 스승은 자기 집에 기거하면서 배우도록 하며 자식처럼 살펴 준다. 다른 제자가 있는 경우에는 하루라도 먼저 입문한 사람이 나이에 상관없이 선배가 된다. 스승을 부친으로 삼고 선후배 사이는 형제 같은 유대 관계를 유지한다.

라쿠고가

라쿠고가가 되려면 보통 2~3년간 매우 힘든 수련기간을 거쳐야 한

다. 막 입문한 신인을 견습생이라는 뜻으로 미나라이見習い라고 한다. 스승의 집에서 수련을 쌓는 한편, 무대 뒤에서 스승과 선배들의 공연을 보고 배우는 기간이라고 할 수 있다. 이 기간 동안 스승은 미나라이의 성격, 인품, 라쿠고가로서의 가능성을 살펴보게 된다. 그 후에 스승에게 인정을 받게 되면 라쿠고가로서 예명을 받고 젠자前座로 승격하여 요세의 여러 가지 일을 담당하게 된다.

(2) 라쿠고가의 승진

라쿠고가의 세계에는 능력에 따른 매우 엄격한 계급이 있다. 우선 스승에게 입문하면 스승의 시중을 들며 라쿠고의 기본을 익히는데 이런 제1관문을 입문자, 즉 뉴몬入門이라고 한다. 입문자는 스승의 시중을 드는 일은 물론 청소, 빨래 때로는 밥 짓는 일이나 아기 보는 일도 하며, 스승은 제자의 사람 됨됨이나 기량을 파악하는 단계이다.

다음은 젠자前座라고 하는데, 라쿠고를 배우고 익히며 스승의 의상을 정리하는 일, 장부를 정리하는 일 등을 담당하며, 어느 정도 숙달되면 그날 무대 가운데 첫 번째 공연을 담당하기도 한다.

입문 후 3~5년이 되면 스승과 소속된 협회의 승인을 얻어 독자적으로 공연할 자격을 얻는데 이를 후타쓰메二つ目라고 한다. 후타쓰메는 요세의 준비실에서 하던 일을 아랫사람에게 물려주고, 자유롭게 활동할 수 있다. 그러나 스스로 일거리를 찾아야 하므로 경제적으로 매우

어려운 시기라 할 수 있다. 눈에 띄는 차이점은 무대에 등장했을 때 자신이 속한 단체의 문양紋付이 새겨진 정장차림을 할 수 있게 된다는 점이다.

이후에 10년 정도 연마하여 실력도 쌓고 인기도 어느 정도 얻으면 신우치真打ち로 승진한다. 신우치는 스스로 책임을 지고 공연을 할 수 있으며, 제자도 둘 수 있는 자격이 생긴다. 라쿠고의 세계는 연공서열이 아니라 실력으로 평가받는 세계이므로, 능력이 특출한 경우에는 단 몇 년 만에 신우치로 승격되는 경우도 있다.

(3) 라쿠고가의 예명

라쿠고가는 예명의 성性과 이름을 매우 중요하게 여긴다. 라쿠고가에게는 특별한 이름이 붙는다. 일반사람의 성에 해당되는 것으로, 하야시야林家, 야나기야柳家등 '야家'가 붙는 성이 있는데, 이것을 야고家号라고 하고, 산유테이三遊亭, 고콘테古今亭, 슌부테春風亭, 하야시야林家, 야나기야柳家, 다치바나야橘家등의 성이 있고 오사카에는 쇼후쿠테이笑福亭, 가쓰라桂, 아카시야明石屋등이 있다.

이름은 스승 이름의 한 자를 받아서 붙이는 경우가 대부분이다. 예를 들면 현재 오사카에서 활약 중인 쇼후쿠테이 긴페이笑福亭銀瓶의 이름은 스승의 이름인 쓰루베鶴瓶에서 '베瓶'라는 글자를 받아서 '긴페이銀瓶'라는 이름을 받았다. 이외의 형제 제자로는 쇼헤이笑瓶, 고헤이晃

瓶, 준페이純瓶, 빈타瓶太, 유헤이由瓶등 모두 '瓶'자를 돌림으로 이름을 지었다는 것을 알 수 있다.

라쿠고는 집안 대대로 이어가는 시스템이 아니라, 혈연과는 관계없이 철저히 '예술가 개인'의 이름이 계승된다. 이것을 습명襲名이라고 하는데, 출세한 라쿠고가가 자신의 스승의 이름을 그대로 이어받음으로서 스승의 재능을 후세에 이어간다는 의미를 가지고 있다. 하지만 최근에는 라쿠고계에서도 세습제가 늘어나고 있는 상황이다.

(4) 라쿠고가의 의상

라쿠고가는 무대에서 기모노着物를 입는다. 기본적으로는 하오리나 하카마를 걸치지 않은 기나가시着流し라는 평상복차림을 한다. 후타쓰메가 되면 문양이 들어간 하오리를 입는 것이 허락되고, 신년이나 습명공연 등의 특별공연에서는 하카마를 입는다.

의상의 색은 라쿠고가의 취향에 따라 자유롭게 선택할 수 있다. 예전에는 이야기에 방해가 되지 않도록 될 수 있으면 소박한 색의 기모노를 입었으나 최근에는 화려한 색이 많이 늘어났고 특이한 무늬를 넣기도 한다. 라쿠고가의 기모노는 의상을 통한 자기표현이므로 그 사람의 예풍을 느낄 수 있는 측면이 되기도 한다.

기모노와 하오리에는 일문을 상징하는 문양을 넣는다. 보통 가정에는 집안을 상징하는 가문家紋이 있듯이 라쿠고가의 입문에도 고유한 문양이 있다. 따라서 기모노에 새겨진 문양을 보면 어떤 계통의 라쿠고 가인지를 알 수 있다. 예를 들어, 다치가와 단시立川談志는 세 단으로 된 소나무, 가쓰라 분지桂文治의 문양은 세 개의 떡갈나무 잎으로, 이들 문하에 있는 자들은 같은 문양을 사용한다.

e. 라쿠고의 대표작

(1) 대표적인 고전 라쿠고

라쿠고 「시바하마」는 「가죽 돈지갑」이라고도 한다. 도쿄의 바닷가 시바에서 돈지갑을 주은 남자가 아내의 지혜로 돈을 주웠던 것은 꿈이었다고 다 포기한 뒤에 마음을 고쳐먹고 열심히 일하여 돈을 모으고 안정된 생활을 하게 된다. 3년이 지나서야 아내는 진상을 밝히고 부부가 더욱 화목해진다는 이야기는 잘 알려진 라쿠고이다.

수완은 좋지만 술을 너무 많이 마시는 생선 장수가 요즈음도 장사는 팽개치고 술만 마시고 있다. 그날 아침은 날이 밝기도 전에 아내가 일하러 나가라고 깨워 선창가로 갔지만, 시간이 일러서 아무도 나와 있지 않았다. 집으로 돌아가서 더 자기에는 어정쩡한 시간이었기에 시바의 바닷가에 나가서 날이 새기를 기다렸다. 담배를 한 대 피우려는데 물가에 떠밀려 와 있는 낡은 가죽 돈지갑이 눈에 들어왔다. 집어서 지갑을 열어 보니 대금이 들어 있어서 집으로 돌아와 세어 보니 50냥이었다. 하늘이라도 날 것 같이 기쁜 마음에 남은 술을 전부 마시고 한 잠 푹 자고 일어나서 목욕탕에 갔다. 돌아오는 길에 친구들을 불러다가 실컷 먹고 마시고 노래 부르는 등 한바탕 소동을 피운 뒤에 다시 곯아떨어졌다.

다음날 아침 일어나 보니, 아내는 큰 돈을 줍는 꿈을 꾼 것이라는 말을 듣게 된다. 그는 반신반의하면서도 돈지갑을 주웠던 일은 꿈이었다고 생각하게 된다. 돈을 줍는 꿈은 가장 못난 인간이나 꾸는 꿈이라고 면박을 주는 아내의 말을 듣고, 심기일전하여 그 좋아하는 술을 끊고 열심히 일하였다. 3년이 되자 생활도 나아지고 빚도 다 갚고 번듯한 가게까지 차릴 수 있게 되었다. 그해 섣달 그믐날 밤, "이것 모두가 그간 열심히 일한 덕분이다. 사람은 열심히 일하지 않으면 안 되지."라고 혼잣말하듯이 속내를 털어놓았다. 이 말을 들은 아내가 깊숙이 감추어 놓았던 가죽 돈지갑과 50냥을 남편 앞에 내놓았다. 역시 꿈이 아니었다.

남편이 지갑을 주워 왔을 때 아내는 그 돈이 마음에 걸려 관청에 알렸지만 돈을 잃어버린 사람이 나타나지 않아서 그 돈을 가지게 되었다. 그러나 아내는 모처럼 마음잡고 열심히 일하는 남편에게 돈을 보여 주면 도로아미타불이 될까봐 걱정이 되어 말하지 않았는데, 오늘 남편이 하는 말을 듣고 이제는 그럴 일이 없겠다는 생각이 들었다고 하였다.

남편은 차근차근 생각하더니 "아, 당신은 훌륭하오. 당신이 말한 그대로요."라고 한다. 아내가 "그렇다면 굳이 술을 끊지 않아도 되잖아

요. 기분을 풀기 위해서 한잔 드시지요."라고 하며 술을 내놓으니, 입에 대려고 하다가 "그만두자. 또 꿈이 되어 버리면 안 되지."한다.

라쿠고는 여기에서 끝난다. 상인의 마지막 대사 부분에서 아내가 허락하는 술을 참으면서 "그만두자. 또 꿈이 되어 버리면 안 되지."라고 하며 술을 물린다. 여기까지 성공한 것 자체가 다시 꿈이 되어 버릴까 염려한다는 것은 모처럼 일구어 낸 현실이 다시 물거품이 되게 할 수는 없다는 남편의 의지를 나타낸 말이다. 그러나 이런 과정을 다 알고 있는 관객에게는 남편의 이 마지막 말이 한낱 우스개로 들리며 웃음을 자아내게 된다. 이 부분을 오치라고 하며, 대단원을 짓는 반전의 우스개로 감칠맛 나게 라쿠고를 마무리하게 되는 것이다.

(2) 대표적인 신작 라쿠고

1890년경에는 새로운 사회상을 소재로 하는 라쿠고가 발표되었다. 당시에 서양식의 동물원이 개장되어 사람들의 호기심을 끌었는데, 특히 외국에서 들여온 사자나 호랑이는 맹수로서 많은 관객을 모을 수 있는 좋은 볼거리가 되었다. 호랑이를 주인공으로 하지만 때로는 사자를 소재로 하는 라쿠고 「동물원」은 일명 「라이온」이라고도 하는데 당시에 인기를 모으던 작품이며 오늘날에도 자주 공연되고 있다.

게으르고 매사를 귀찮아하는 사내가 빈둥빈둥 세월을 보내고 있었다. 일하라고 하면 "내게도 조건이 있습니다. 그것은 10시쯤 출근하여 빈둥빈둥하다가 점심에는 식사하러 나가고 저녁 4시쯤에는 일을 마치는 자리가 좋겠습니다. 돈은 만 엔 정도만 받으면 되고요."라고 답한다.

이 말을 들은 어떤 선배가 그런 조건으로 일할 자리에 소개를 시켜주었는데, 그곳을 찾아가보니 동물원이었다. 원장은 "우리 동물원에서 가장 인기가 있던 호랑이가 죽어 버렸다는 소문이 퍼지자 입장객이 너무 많이 줄었다. 그래서 누군가 호랑이 가죽을 뒤집어쓰고 우리 안을 어슬렁어슬렁 걸어 다니게 하여 실제 호랑이인 것처럼 보이게 하면 되겠다고 생각하였다. 자네가 그 일을 해 주면 좋겠네."라고 말했다.

사내는 당장 오늘부터 근무하면 어떻겠냐는 제의를 수락하였다. 그리고 호랑이처럼 걷는 법을 배우고 호랑이 가죽을 뒤집어쓰고 우리에 들어갔다. 호랑이 생리를 잘 모르겠으면 그대로 뒹굴어 자면 된다는 말도 들었다.

입장객들이 들어오자 호랑이의 가죽을 쓴 사내는 호랑이의 흉내를 내며 아이들이 던져준 빵을 먹기도 하였다. 이때 스피커에서 안내 방송이 흘러나왔다. "호랑이 우리에서 호랑이와 사자의 대결이 벌어집니다. 목숨을 건 일대일의 사투가 벌어집니다. 장내에 계신 여러분은 호랑이 우리 앞으로 모여 주시기 바랍니다." "아니, 그런 이야기는 들은 일이 없어. 내가 헐값에 목숨을 팔 수는 없지." 당황해 하는 순간 우리 사이의 칸막이가 열리면서 눈에 광채가 도는 무시무시한 사자가 들어왔다.

"난 죽었구나." 부들부들 몸이 떨리며 자기도 모르는 사이에 "나무 아미타불……"하며 신의 가호를 빌기 시작하였다. 한 아이가 말하였다. "엄마, 호랑이가 떨고 있어요." 이 말에 아이의 엄마는 "당연하지. 빵을 받아먹을 정도로 약한 호랑이니까."라고 답한다.

사자가 성큼성큼 다가왔다. '꼼짝없이 죽었구나.'라고 생각하고 있는데, 사자가 호랑이 귀에 입을 대고 소곤거렸다. "걱정하지 마. 나도 만 엔을 받고 일하는 몸이니까."

가죽을 뒤집어쓰고 맹수처럼 보인 것은 호랑이만이 아니라 사자도 있었다는 점이 오치가 되는 반전의 묘미를 즐기는 라쿠고이다. 죽을 줄로만 알았던 사내는 사자도 자신처럼 고용된 사람이라는 사실을 아는 데서 라쿠고는 끝난다. 결말을 구체적으로 설명하거나 그래서 어떻다고 일일이 설명하지는 않지만 관객들은 이야기의 결말을 스스로 정리하고 상상하면서 즐거워하는 것이다.

실제로 사람이 호랑이나 사자의 가죽을 뒤집어쓰고 걸어 다닌다 해도 진짜라고 속을 사람이 없을 뿐만 아니라 호랑이가 빵을 받아먹을 수도 없다. 그러나 이와 같은 설정이야말로 오치의 부분을 끌어내기 위해 웃음을 차츰 고조시켜 가는 요소로서 관객에게 상상을 통한 즐거움을 누리게 해 주는 대목이 된다.

제12장
다도와 꽃꽂이

12.1

다도

a. 다도의 역사

(1) 다도의 성립

중국의 당에서 유행했던 다문화는 견당사遣唐使들에 의해 일본으로 전래되었다. 일본에서 가장 오래된 차에 대한 기록은 815년 승려 에이추永忠가 천황에게 차를 바쳤다고 하는 기록이다. 당시 중국 문화를 동경하던 일본 지식인들 사이에서는 중국식 차가 한동안 유행하였다. 그러나 차를 마시는 풍습은 시들해져 버리고 말았다.

그 후 가마쿠라鎌倉 시대 초기에 승려 에이사이榮西가 중국에서 다문화를 수입하였다. 1211년 에이사이는 차가 지닌 효능을 강조하는 내용의 『끽다양생기喫茶養生記』를 저술하였다. "차는 사람을 양생하는 선약仙藥이며 장수하도록 하는 묘술妙術이다."라는 서문으로 시작하는 이 책은 실용적인 다서로서 널리 유포되었다. 에이사이가 전한 차 마시는 풍습은 선종의 사찰은 물론 무사와 서민들 사이에도 널리 보급되었다.

(2) 다도의 발전

차가 널리 보급되자 약용으로서의 차의 효능보다 기호품으로서의 의미가 강조되어 갔다. 14세기 초에는 귀족들 사이에서 차의 맛과 색깔을 보고 차의 생산지를 알아맞히는 놀이가 유행하였다. 이런 내기를 투차鬪茶라고 했는데, 호사가들이 차를 즐기

니지리구치

는 방식으로서 여러 가지의 투차 방법이 고안되었다. 남북조 전란 시대에 활약하던 신흥 귀족들은 투차를 즐기는 한편, 중국에서 들여온 미술품이나 공예품을 수집하였다. 귀족들은 호화롭게 장식한 서원에서 차에 조예가 깊은 사람들을 초청하여 차를 마시고 소장품을 감상하였다.

한편 15세기 후반이 되자 선사상禪思想을 기반으로 하여 소박하고 적막한 것 가운데서 아름다움을 찾으려는 무일물無一物의 정신을 다도에서 구현하고자 하였다. 당시까지의 찻자리는 호화롭고 값비싼 다도구를 자랑이라도 하려는 듯이 많이 늘어놓아야 좋다고 여겼다. 그런데 이와 반대로 다실과 다도구는 호사스럽지 않고 소박하여야 한다는 미의식이 확산되었다. 중국에서 수입한 현란한 모양의 다도구보다는 차분한 느낌을 주는 일본제 다도구에서 다도의 미를 찾으려고 하였다. 이는 미의식의 일대 전환이었다. 이런 정신은 초가지붕에 흙벽이 그대로 보이게 꾸민 다실이나 나무나 대나무를 깎아 만든 소박하며 실용적인 다도구로 표현되었다.

16세기 말에 활동한 센노 리큐千利休는 다도를 완성된 경지로 끌어올린 인물이었다. 그는 기존의 미의식에 개의치 않고 새로운 미, 즉 와비侘의 발견에 힘을 기울였다. 또한 센노 리큐는 오다 노부나가나 도요토미 히데요시 등 권력가의 측근으로 활동하기도 하였다. 그는 최고 권력가를 위해 다도의 의례적인 측면, 다회의 진행 순서, 회석懷石요리 등을 양식화하여 다도를 확립하였다.

17세기 이후의 다도는 센노 리큐의 자손들과 제자들에 의해서 발전되었다. 그의 다도는 일본 특유의 예능 계승 체제인 이에모토家元 제도에 의해 계승되었다. 일본 예능에서 각 유파의 시조를 이에모토라 하는데, 이에모토는 문하생에게 예능을 전수하였다.

이에모토는 다도를 전수받은 제자에게 면허발행권免許發行權과 교수권을 수여한다. 즉 이에모토는 상급 제자들에게 단계별로 면허를 내주고, 제자는 면허에 따라서 그보다 하급의 제자를 모아 교수할 권한을 부여받는다. 이에모토 제도는 이와 같이 피라미드 형태로 구성된 다도 계승 체제이다. 센노 리큐의 자손들인 산센케三千家는 우라센케裏千家, 오모테센케表千家, 무샤노코지센케武者小路千家를 말하는데, 이 중에서도 특히 우라센케가 많은 문하생을 거느리고 있다. 현재는 센노 리큐의 14대손이 우라센케의 이에모토로 활동하고 있다.

(3) 생활예술로서의 다도

메이지 유신 이후 서양 문화를 중시하는 사회적 분위기 때문에 다도는 한동안 쇠퇴하였다. 그러나 유명 정치인과 경제인들 사이에 일어난 미술품 수집 붐과 함께 다도가 부흥하게 되었다. 지식인들도 다도를 새로운 관점에서 파악하고자 하였다. 특히 오카쿠라 덴신岡倉天心(1862~1913)은 『차의 책茶の本』을 저술하여 근대의 다도 이론을 정리하였다. 이 책은 다도 입문서로서 널리 읽혔고 다도가 대중적인 기반을 확립하는 데 결정적인 역할을 하였다. 다도가 근대 여성의 필수적인 교양으로 자리 잡게 되면서 다도를 교육하는 여학교가 늘어났다.

오늘날 다도의 각 유파는 이에모토를 정점으로 하여 수백만 명의 문하생을 거느리고 일본의 국내외에서 활발하게 활동하고 있다. 현재 활동하고 있는 유파로 산센케를 비롯하여 야보노우치류數內流, 엔슈류遠州流, 세키슈류石州流 등의 유파가 있다.

b. 다도의 정신과 미의식

(1) 화경청적

센노 리큐의 제자들은 『남방록南方錄』이라는 다도 관련 책을 저술했는데, 이것을 통하여 센노 리큐의 정신세계와 미의식을 잘 살펴볼 수 있다. 이 책에 실려 있는 다음 일화에는 다도에 대한 마음가짐이 잘 나타나 있다. 어느 날 센노 리큐의 제자가 다회를 열 때 주의해야 할 점과 스승이 여는 다회의 비결에 대해서 물었다. 센노 리큐는 "여름에는 서늘하게, 겨울에는 따뜻하게 해야 좋다. 숯불의 세기는 물이 끓을 정도로, 차는 마시기 편하게 해야 한다. 이것이 비결의 전부입니다."라고 대답하였다. 제자는 실망하여 "그런 것이라면 누구든지 알고 있습니다." 그러자 센노 리큐는 "그런 다회를 열기는 정말로 어렵다. 그대가 그런 자리를 마련하면 나도 다회에 참석해 보고 싶다."라고 대답하였다.

좋은 다회란 느낌에 거스름이 없는 지극히 자연스러운 분위기를 갖추고 평온한 마음으로 차를 나눌 수 있어야 한다는 것이다. 이와 같은 다도의 기본적인 마음가짐은 누구나 다 가질 수 있는 평범한 것 같지만 정작 이를 실천하기는 쉽지 않다는 뜻이다.

다실에서는 찻물을 끓이기 위해 불을 피우는데, 계절에 맞추어 붙박이식 화덕인 로와 이동식 풍로를 구별하여 쓴다. 로는 찻물을 끓일 뿐만 아니라 난방의 역할을 겸하기 때문에 겨울 동안에만 쓰고 풍로는 로와 달리 가마 위에만 열을 집중시킬 수 있어 방 안 전체를 덥게 하지는 않기 때문에 여름에만 쓴다. 이 이야기는 오늘날 널리 알려져 있는 일본 다도의 기본 정신인 '사규四規'의 모태가 되는 귀중한 사항이기도 하다.

사규는 다인이 지켜야 할 네 가지의 규율을 말한다. 선종에서는 승려들의 생활양식은 '화경청적和敬淸寂'을 기본으로 해야 한다고 말하는데, 센노 리큐도 다인들이 지녀야 할 마음가짐은 이 네 가지가 기본이 되어야 한다고 하였다. '화'란 서로 사이좋게 지내며 나아가 서로가 하나로 잘 어우러지는 상태를 말한다. 다실에 모인 주인과 손님은 각기 개성을 발휘하는 독립적인 존재이다. 이들이 모두 함께 불성으로 돌아가 하나가 되는 상태가 곧 화이다. '경'이란 종이 주인을 섬기듯이 일방적으로 윗사람을 섬기라는 말이 아니다. 주인이나 손님 모두가 불성을 공유하는 존엄한 인격체임을 서로 인정할 때 저절로 우러나오는 상호 존중의 마음가짐을 말한다. 늘 공경하는 마음으로 다도에 임하는 정신을 말한다. '청'은 감각적, 물질적인 청정무구淸淨無垢의 상태를 기본으로 한다. 늘 마음을 깨끗하게 하고 욕심을 떨쳐 버림으로써 청정무구하게 살아갈 수 있는 경지를 말한다. '청'은 마음의 청정뿐만 아니라 다실과 다도구를 청결하게 다루는 정신이기도 하다. '적'은 조용한 상태, 즉 다실에서 정적을 유지하라는 의미이지만, 다도에서는 공간적인 정적만을 의미하는 것이 아니라, 환경에 동요되지 않는 마음의 정적, 적연부동寂然不動의 심경을 말한다. 이는 나아가 불교적인 원적圓寂, 즉 열반涅槃 또는 '대조화大調和를 이루어 평온한 세계'를 가리킨다.

(2) 와비정신

다인들은 사규가 구현되는 다회의 공간을 만들기 위해서 격조 있는 미의식을 추구하였다. 그 예로 '와비의 아름다움'을 들 수 있다. 와비란 한적한 가운데 느끼는 정취, 소박하고 차분한 멋, 또는 한거閑居하는 상태를 말하는 미적 감각이다.

무로마치 시대에 값비싼 것이나 외면적으로 풍

센노리큐의 다실

성하고 화려한 것보다는 정신세계를 충실하게 하는 일에 더 큰 가치를 두는 새로운 미의식이 존중되었다. 이런 미의식은 싸늘한 것, 시든 것, 절제된 것에서 아름다움을 찾으려는 미의식, 즉 유현미幽玄美를 중시하는 경향으로 나타났다. 한적하고 차분한 것, 호화로운 것보다는 흠이 있어서 세인들의 관심에서 밀려난 것, 버려진 것, 쇠퇴한 것, 불완전한 것 가운데서 느낄 수 있는 미를 존중하기에 이르렀다. 이러한 미의식을 와비라고 한다. 부유한 귀족들이 많은 돈을 들여 호사를 자랑하며 물질적인 향락을 추구하는 것과는 대조적인 와비 정신이 문인이나 다인들 사이에 뿌리를 내리게 되었다. 당시의 다인들은 한적한 곳에 소박한 다실을 짓고, 그 가운데서 와비의 정신을 추구하는 다회를 이상적으로 여겼다

황금다실

c. 다회의 종류

주인이 다실에 손님을 초대해 차를 마시며 이야기를 나누는 일을 다회茶会 또는 다사茶事라고 한다. 스승이나 제자 또는 벗을 초대하여 다도를 즐길 수 있도록 다실茶室과 다도구茶道具를 갖추어 놓고, 좋은 이야깃거리가 있다면 언제라도 다회를 열 수 있다.

다회는 개최시기와 목적 등에 따라서 기본적인 일곱 가지 방식이 있는데 이를 다사칠식茶事七式이라고 한다.

정오에 모여 간단하게 식사를 곁들여 여는 다회는 '낮다회'라고 한다. 밤에 모여 이야기를 나누며 여는 '밤다회'는 주로 겨울밤에 열며, 이때는 긴 겨울의 정취를 이야깃거리로 삼는다. 아침에 여는 '아침다회'는 주로 여름날 아침에만 열며, 이른 아침에 느끼는 청량감을 이야깃거리로 삼는다. '새벽다회'는 새벽 4시경부터 동이 트는 풍경을 보면서 그 정취를 이야깃거리로 삼는다. 신분이 높은 귀한 손님이 다실을 다녀간 직후에 그 자리에 앉아서 그가 쓰던 다도구로 차를 마시며, 그의 정취를 느껴 보기 위해서 여는 다회를 '자취다회'라고 한다. 미리 알리지 않고 불쑥 찾아온 손님을 위하여 여는 다회를 '불시不時다회'라고 한다. 이 경우에는 정식 절차를 갖추지 못하며 손님도 이를 탓하지 않는다. 그 해에 새로 딴 찻잎을 단지에 넣어 봉해 두었다가 11월에 손님을 초대하여 개봉하고 차를 달여 대접하는 다회를 '개봉다회'라고 한다. 손님이 보는 앞에서 개봉하는 일은 그 손님에게 소중한 것을 대접한다는 정성의 표시가 된다.

d. 다회의 과정

    다회를 주최하는 주인은 초대할 손님들에게 편지를 낸다. 출석 여부의 답장을 받으면 다회를 열 준비를 한다. 다회 당일 약속한 시간에 손님들은 다실 정원 입구의 대기실에 모인다. 여기서 손님들은 한 사람씩 정객正客, 차객次客, 삼객三客, 사객四客, 말객末客 등으로 구분한다. 역할에 따라서 다실 내에서 차를 대접 받는 순서와 앉는 자리가 정해진다.

    손님들은 정원을 지나서 준비된 의자에 앉아 기다린다. 주인이 맑은 물을 담은 통을 들고 나와 손 씻는 그릇에 물을 채워 놓고 들어간다. 손님들은 일어나서 차례로 손을 씻는다. 그 후 주인은 안쪽 정원인 내로지內露地로 들어가는 문을 열고 손님들을 맞이하며 인사를 나눈다.

    다실 입구인 니지리구치는 크기가 약 가로 60센티미터 세로 60센티미터이며 몸을 구부려야 들어갈 수 있도록 작게 만든 문이다. 손님들은 그 문을 열고 다실 안으로 정해진 자리에 앉는다. 주인이 먼저 로爐라는 실내용 화덕에 숯불을 피우면 손님들은 숯불이 피는 모습을 감상한다. 주인은 향香을 피워 정취를 돋우고 회석요리를 내어 손님들을 대접한다. 요리를 먹을 때는 술을 곁들이는데, 술은 취하지 않을 정도로 조금만 마신다. 요리를 먹으면 다과가 나온다. 손님들은 다과를 먹고 정원으로 나가 휴식을 취한다.

    손님들이 나가서 쉬는 사이에 주인은 다실에 걸어 두었던 족자를 떼어 내고 그 자리에 꽃을 장식하고 차를 준비한다. 준비가 끝나면 주인은 징을 쳐서 손님들에게 들어오라는 신호를 보낸다. 손님들은 다시 손을 씻고 차례대로 다실로 들어와 앉는다. 주인은 먼저 맛이 진한 차인 농차濃茶를 낸다. 로에 새로 숯을 얹어 숯불을 지피고 다과를 낸 뒤, 이번에는 맛이 엷은 차인 박차薄茶를 낸다. 이 동안에 주인과 손님은 이야기도 나누고, 시도 짓고, 주인의 다도구나 미술품을 감상하면서 이야기를 나눈다.

　다회는 4시간 이내로 하며 그 이상 길어지지 않도록 한다. 손님의 수는 5명 이내를 원칙으로 한다. 5명 이상 되면 이야깃거리가 분산되거나 손님들이 편을 갈라 이야기를 나누게 될 염려가 있기 때문이다. 다회에서 무엇을 이야깃거리로 삼는가는 매우 중요한 문제이다. 다케노 조오武野紹鴎는 "다실에 들어오면 세속적인 잡담은 금한다."고 하였다. 다실에서는 금전에 관한 이야기, 남녀 관계 이야기, 정치에 관한 이야기 등은 금기 사항이었다. 시나 차에 대한 이야기를 나누는 것이 가장 이상적이다.

　다실에는 족자를 걸거나 꽃꽂이로 장식한다. 다실은 차를 마시는 곳이자 예술 감상을 위한 곳이기도 하다. 도회지 한가운데 있는 다실의 경우, 다실을 나서면 사람들의 왕래가 빈번한 거리지만 다실 안에서는 깊은 산중에 있는 것과 같은 마음가짐이어야 한다. 다실은 일상생활과 예술 세계를 연결 짓는 완충 지대 역할을 한다. 다실에 들어감으로써 번잡한 일상생활에서 벗어날 수 있게 되는 것이다.

e. 다도구와 차의 종류

(1) 다도구

* **다이스** – 다도에서 차 도구 일체를 올려놓는 선반을 말한다. 다이스臺子는 선종의 불구佛具로서 가마쿠라 말기에 중국에서 전래되었다. 가운데 풍로 가마를 놓고 미즈사시, 겐스이를 장식하는 것이 정식이다.
* **미즈사시** – 미즈사시水指는 물을 담아두고 차를 끓이는 동안에 그릇을 씻거나 가마에 끓이는 물을 보충하기 위해 언제나 다실에 준비해 두는 도구이다.
* **자이레** – 말차抹茶의 분말을 담아두는 그릇이 되었다. 자이레茶入れ는 시후쿠仕服라는 주머니에 넣어서 보관한다.
* **자샤쿠**茶杓 – 자샤쿠는 말차를 떠내는 숟갈이다. 처음에는 상아로 만들어졌으나 다케노 조오가 대나무로 만들어 쓰기 시작하였다. 대나무에 매듭이 있는데 매듭이 없는 것을 신眞, 중간 정도에 있는 것을 소草, 아래에 있는 것

자이레

을 교行라고 한다. 이 중에서 일반적으로 쓰이는 것은 소이다.

* **다완** – 청자, 백자 등의 다완茶碗이 있었는데 16세기말부터 고라이다완高麗茶碗

다완

이 사용되기 시작하였다. 고라이다완 중에서도 이도다완井戸茶碗은 다회에서 사용되는 다완 중에 가장 많이 쓰였다.

* **가마** – 가마釜는 물을 끓이는 솥이다. 센노 리큐는 "가마 하나만 있으면 다회는 이루어진다."라는 와카和歌를 지어냈다.

* **자센** – 자센茶筅은 가루차를 끓일 때 차를 저어서 거품을 일게 하는 도구이다. 송나라 시대에 중국에서 사용되고 있던 것은 나무주걱 비슷한 것의 끝 부분을 잘게 쪼갠 것인데 일본으로 건너가서는 여러 가지로 개조되었다. 자센은 손님을 맞이할 때마다 새로 쓰는 것이 좋다.

* **가시키** – 가시키菓子器는 과자를 담는 그릇이다. 과자는 단순한 기호품이 아니라 차를 대접하기 전의 간단한 요리라고 생각했기 때문에 정성을 많이 들였다.

* **겐스이** – 다완을 씻은 물을 버리는 나무로 만든 그릇이다. 겐스이

建水는 손님을 맞이할 때마다 새로운 것을 사용한다.

* **후타오키** – 후타오키蓋置는 가마의 뚜껑을 놓는 받침대이다. 처음에는 금속제를 후타오키에 사용하였으나 센노 리큐는 대나무로 만든 후타오키를 사용하였다. 그 후 여러 가지 재료를 사용한 후타오키를 만들었다.
* **하나이레** – 하나이레花入는 꽃을 담는 그릇이다. 청동, 도자기, 대나무, 소쿠리 등의 하나이레가 그때그때 상황에 따라 사용된다.
* **고고** – 고고香合는 향을 피우는 그릇이다.
* **나쓰메** – 나쓰메棗는 말차를 넣어 두는 그릇이다. 그릇의 모양새가 대추열매와 유사한 형태를 한데서 명칭이 유래하였다.

(2) 차의 종류

* **전차**煎茶 – 찻잎을 잘게 썰어 말려서 뜨거운 물에 우려 마시는 차이다.
* **말차**抹茶 – 찻잎을 곱게 갈아서 뜨거운 물에 타서 마시는 차이다.
* **반차**番茶 – 찻잎을 따고 난 뒤에 남은 딱딱하고 오래된 찻잎으로 만든 차이다.
* **교쿠로**玉露 – 그늘에서 비료를 많이 주면서 재배한 고급 차이며 맛과 향이 강하고 가격이 비싸다.
* **호지차**焙茶 – 반차를 불로 볶아서 만든 차로 카페인 함유량이 적고

맛이 깔끔하다.
* **구키차**茎茶 - 줄기茎 부분을 골라서 만든 차이다.
* **현미차**玄米茶 - 전차나 반차에 볶은 현미를 섞은 차이다.

f. 다도와 도자기

(1) 와비차와 도자기

다도를 즐기는 풍조가 일어나면서 조선에서 다도구를 수입하였지만, 다도에 쓰이는 차사발인 다완茶碗이나 차를 넣는 작은 단지인 자이레茶入 등은 수입품으로 수요를 충족시킬 수 없기 때문에 일본 각지에서도 다양한 제품이 생산되었다.

16세기에 들어서면 세토瀬戸 지방에서는 대형 가마에서 높은 온도로 구운 도기를 생산할 수 있게 되었다. 종래의 회색 유약 이외에 새로운 기법의 녹색·황색·백색 유약을 써서 새로운 심미 의식을 드러내는 제품이 인기를 누리게 되었다.

와비차라는 새로운 미의식이 확산되면서 중국이나 조선에서 수입하던 다도구 대신 일본제 다도구를 중시하게 되었다. 이와 같은 다인들의 기호는 도기 생산 과정에 반영되어 기세토黄瀬戸, 세토구로瀬戸黒, 시노志野 등 창작성이 뛰어난 양식을 낳게 되었다. 하지만 일본에서는 백자나 청자를 생산할 수 있는 기술이 없었다.

조선에서 만든 다완은 고려 다완이라 하여 매우 큰 인기를 누리고 있었기 때문에, 차츰 조선에 사람을 보내어 직접 다완을 주문 생산하여 수입하기에 이르렀다는 점은 주목해야 한다. 조선의 다완이 지닌 소박하며 자연스러움을 추구하는 조형미는 일본인의 심미안을 만족시켰으며 이런 전통은 오늘날에도 전승되고 있다.

(2) 조선인 도공이 만든 도자기

다도가 발달하던 시기에 교토에서 라쿠야키楽焼라는 다완 양식이 성립되었다. 물레를 쓰지 않고 손으로 빚어 올리는 방식으로 모양을 만들고 비교적 낮은 온도로 구운 라쿠야키는 흑색과 붉은색 두 계통이 있다. 투박하면서도 친근감을 주는 라쿠야키는 센노 리큐가 애용하였다.

임진왜란 때 일본으로 끌려간 조선의 도공들이 규슈九州를 비롯한 서부 일본에 정착하여 조선식 가마를 만들고 도자기를 생산하였다. 그중에서도 나베시마번鍋島藩의 아리타有田 지방에 정착한 이삼평李參平이 자기를 굽기에 좋은 백자광을 발견하면서 일본에서도 자기가 생산되게 되었다. 아리타에서 생산한 것은 소박한 조선식 자기였으나 차츰 중국 자기의 영향도 받아 채색 자기를 생산하였다. 나베시마번은 직접 도자기 생산 공장을 운영하며 국내에 판매하는 한편 외국에도 수출하는 등 발전을 거듭하였다. 일본 도자기의 명성은 서양에까지 알려지게 되었다. 1916년에 아리타 주민들은 이삼평의 기념비를 세우고 오늘날까지 도조제陶祖祭를 지내고 있다.

12.2

꽃꽂이

a. 이케바나의 유래

　일본식 꽃꽂이라 알려져 있는 이케바나生花는 일본의 전통 예술의 하나로 나뭇가지·풀·잎사귀·꽃 등의 화재花材를 꽃병 등 용기에 꽂은 것을 말한다. 이케바나는 감상하는 사람을 즐겁게 하는 예술이다. 이에모토 제도 하에 있는 이케바나에도 많은 유파가 있다.

　현재 이케바나 유파는 2,000이 넘는 것으로 알려져 있으나 부침이 심하여 정확한 수효는 알 수 없다. 이케바나를 배우는 인구는 1,000만이 넘는 것으로 알려져 있다. 1966년에는 '일본 이케바나 예술협회'가

결성되어 매년 전시회를 개최하며 사회적 인식을 새롭게 하고 있다. 최근에는 세계대회를 개최하여 일본 문화를 국외에 소개하려고 노력하고 있다.

일본 사회에서 이케바나는 실생활과 유리된 호사가들의 놀이가 아니라 환경 디자인 예술로 인식되고 있다. 이케바나를 통하여 어떻게 생활공간을 아름답고 쾌적하게 꾸밀 수 있는가 하는 문제에 초점이 맞추어져 있다. 이케바나가 생활예술로 인식되고 있는 것이다.

헤이안 시대에는 꽃을 보고 즐기려는 하나아와세花合 놀이가 행해졌다. 중국 송나라에서 원예 기술이 수입되어 귀족들의 저택에서 꽃을 가꾸는 일이 유행하였다. 원예의 품종이 다양해지고 꽃을 가꾸는 기술도 발달되었다. 잎을 잘라주기도 하고 가지를 쳐 주거나 모양을 잡아주는 등 꽃나무의 모양을 아름답게 가꾸어 이를 자랑하기도 하였다. 이때부터 꽃꽂이는 사찰에서 불전에 공양하는 것이 아니라 화기에 보기 좋게 담아서 감상하는 것이라는 의식이 확산되었다.

무로마치 시대에 이르면 귀족·무사·승려들이 모이는 기회가 많아졌다. 그때 실내에 장식한 꽃을 손님들에게 자랑하거나 여러 사람이 각각 화기에 담은 꽃을 진열하여 놓고 우열을 가리는 놀이를 하기도 하였다. 칠석에는 귀족들이 화기에 담은 꽃을 어전에 헌상하는 풍습이 있었는데, 헌상하는 사람들 사이에 차츰 경쟁의식이 생겼다. 더욱더 진귀한 꽃과 화기를 찾게 되었으며 꽃을 꽂는 모양에도 각별한 신경을 썼다. 이렇듯 보기 좋은 꽃꽂이를 추구하는 사회적 풍조에 따라서 꽃꽂이에 대한 심미안과 재능을 갖춘 전문가가 출현하게 되었다.

b. 이케바나 양식

(1) 릿카

이케바나 전문가의 출현으로 꽃꽂이는 세련된 미의식을 갖추고 일정한 양식을 설정하게 되었다. 가장 고전적인 꽃꽂이로는 꽃이나 꽃나무를 그대로 세운다는 뜻으로 다테바나라 했으나 차츰 양식이 정비됨에 따라서 릿카立花라 하였다.

릿카는 1682년에 간행된 『입화대전立花大全』에서 쓰인 용어이다. 당시에는 규모가 큰 실내의 장식품으로 등장하였다. 릿카를 시도한 인물은 귀족 가문인 야마시나가山科家의 하급 무사 오사와 히사모리大沢久守였다. 1488년 정월에 궁중에서 연회가 열렸을 때 오사와가 꽃꽂이를 담당하였다. 기록에 의하면 5종류의 초목을 사용했다고 한다. 전체의 중심, 즉 심心을 의미하는 주지主枝로는 소나무를 사용하고, 왼쪽으로 가지를 내고, 오른쪽에는 홍매화 가지를 꽂고 그 밑에는 밝은 색의 금잔화를 세워서 사람들의 시선을 집중시켰다. 1488년 정월에서 1492년 12월에 이르기까지 오사와는 123가지 작품을 만들었는데, 그가 만든 릿카는 화초의 종류가 많다는 점이 특색이다.

막부 쇼군의 측근으로 의례나 예능을 담당하는 도보슈同朋衆 중에서 이케바나 전문가가 있었다. 이들은 형식적으로는 승려의 신분을 지니고 있었기 때문에 이름에 '아미阿弥' 칭호가 붙었다. 이케바나 전문가는 다쓰아미立阿弥로 불렸다. 이때 릿카의 명인으로는 후슌켄 센케이富

春軒仙溪가 나와서 센케이류專慶流를 창시하였다.

이케노보池坊라는 유파는 에도 시대 초기 승려인 제2대 이케노보 센코池坊專好(1570~1658)에 의해 성립되었다. 이케노보 유파는 쇼군으로부터 화도花道의 이에모토라는 칭호를 받음으로서 탄생하였다.

이케노보류 릿카의 양식적 특성으로는 규모가 크다는 점과 화려하며 일정한 격식을 따른다는 점을 들 수 있다. 이케노보류는 크기가 가로 1.8미터, 세로 1.5미터짜리 화기를 쓰며, 다양한 꽃과 꽃나무도 썼다. 가지의 배치도 기교적이고 색채도 화려하였다. 한마디로 웅장하고 화려하게 꾸미는 것이 릿카의 시각적 특성이다. 꽃과 나뭇가지를 배치하는 데에도 일정한 양식이 있었다. 각 부분의 명칭을 진眞, 부副, 부청副請, 진은眞隱, 견월見月, 전치前置, 유지流枝라 하여 각 부분에 일정한 의미를 부여하며 구성 양식을 정하여 미를 추구하려 하였다.

(2) 나게이레

『선전초仙傳抄』에 의하면 나게이레는 규격화된 화병이 아닌 그릇에도 손쉽게 가벼운 기분으로 꽃꽂이를 할 수 있다는 뜻을 지닌다. 대개 꽃을 가공하지 않고 자연 상태로 장식한다. 나게이레는 엄격한 양식을 따르며 규모도 크게 하는 릿카에 대한 일종의 반발로 나왔다고 할 수 있다.

릿카의 경우 진眞을 나타내는 꽃・가지 또는 잎을 수직으로 세우는 형식을 지켜야 하였다. 그러나 나게이레는 꽃을 자연스럽게 가지를 길게 옆으로 꽂는 것이 특징이다. 화기는 천장에 달아서 늘어뜨리는 배 모양舟形을 한 것이 많고, 꽃은 여기에 어울리도록 비스듬히 꽂고 가지는 자연스럽게 두었다.

나게이레는 다실을 장식하는 꽃꽂이 방식으로 애호되었다. 다실에서 추구하는 자연 친화적인 정신과 조화를 잘 이루었다. 풍류 정신을 중요시하던 나게이레는 다실에 도입되어 자바나茶花라고 불리며 다실의 이케바나로 중시되었다. 나게이레의 특징으로 즉석에서 꽃을 꽂아 손님에게 보여 줄 수 있다는 점과 그런 즉흥적인 운치를 즐길 수 있다는 점을 들 수 있다. 1684년에는 『포입화전서抛入花全書』를 비롯하여 나게이레에 관한 서적이 많이 간행되어 형식보다는 일상적이며 다루기 쉬운 이케바나로서 널리 유행하였다.

(3) 세이카

나게이레가 너무 형식을 갖추지 않았다는 비판을 받자, 도코노마에 어울리는 꽃꽂이 형식으로 세이카生花가 창안되었다. 즉 세이카는 나게이레보다 약간 형식성을 갖춘 꽃꽂이 양식이라고 할 수 있다. 이케노보 유파에서는 릿카를 간략하게 한 작은 꽃꽂이라는 의미로 쇼카小花라는 명칭을 쓴다.

세이카는 일정한 법칙에 따라 격조 있게 장식하며, 화기와 맞닿는 꽃가지의 아랫부분은 가늘게 처리하여 단정하고 산뜻한 느낌이 들도록 한다. 18세기 중엽부터 여러 유파가 출현하였다. 세이카에는 유교 사상이 채용되어 천·지·인天地人 삼재三才 이론을 이케바나의 모양에 응용하였다. 이런 이론은 에도 막부의 교화정책과 합치하여, 이후 메이지 시대의 교육 이념에도 원용되었다. 메이지 정부에서는 세이카를 학교 교육과정에 편입시켜서 다도와 더불어 여성의 수양 방식의 한 가지로 교육하였다.

(4) 모리바나

메이지 시대 중기 여학교에서 여성의 교양으로 재봉·편물·다도와 함께 이케바나가 정규 과목이 되었다. 이때 서양 꽃을 사용하여 색채가 풍부한 새로운 이케바나를 시도한 사람은 오하라 운신小原雲心이었고, 이 새로운 이케바나를 모리바나盛花라고 하였다. 오하라는 처음으로 달리아나 마거리트와 같은 서양 꽃을 이케바나에 사용하였다. 이런 꽃들은 키가 작기 때문에 수반水盤 형식의 화기도 처음으로 고안하였다. 오하라류小原流가 인기를 끌자 아다치 조카安達潮花는 독자적인 모리바나를 창안하여 아다치 유파를 창시하였다.

모리바나의 기본 양식은 수반 형식의 굽이 낮고 안쪽이 넓은 화기의 바닥에 풀고사리나 덩굴풀을 깔고 수면에 육지를 설정하였다. 그곳에 식물을 심는 형식으로 자연을 묘사하였다. 이런 시도는 이케바나에

모리바나

뜻을 두고 있는 사람들의 관심을 끌었다. 오늘날 일반인들이 이케바나를 배울 때 모리바나는 빼놓을 수 없는 중요한 양식이 되고 있다.

(5) 지유바나

1920년대에는 근대 의식에 바탕을 창조적인 이케바나가 등장하였다. 전통적인 이케바나의 형식주의를 탈피하여 예술적인 이케바나를 추구하려는 경향을 지유바나自由花라고 한다.

명확한 이념을 가지고 지유바나를 주창한 사람은 야마네 스이도山

根翠堂였다. 그는 천지인天地人에 뿌리를 두고 정형화한 이케바나 양식에 불만을 품고, 1927년에 신세이류眞生流를 창시하여 자유화 운동을 전개하면서 전통적 유파들과 대결하였다. 그는 이케바나란 개성 표현을 중시해야 한다는 생각을 갖고 있었다. 이에 찬동하는 사람들은 이케바나를 조형 예술의 한 영역으로 파악하면서 모더니즘의 근대 화형花型을 형성하였다.

(6) 이케바나

태평양 전쟁이 끝나고 모든 전통의 제약에서 벗어나 근대 조형이라는 시점에서 이케바나를 생각하려는 소위 전위 이케바나가 등장하였다. 전위 이케바나는 소재를 꽃에 한정하지 않고 이질적인 소재를 도입하고 꽃도 무기물로서 취급하는 등 이전과는 전혀 다른 방식이 시도되었다. 또 쉬르리얼리즘 기법에 의하여 환상적이며 상징적인 작품을 만들기 위하여 꽃 이외의 소재로 금속, 돌, 유리, 헝겊, 플라스틱 등을 사용하였다. 자연의 아름다움을 존중하며 꽃 원래의 모습을 살리려는 데 기본을 두는 종래의 꽃꽂이 형식에서 멀어졌다. 꽃을 꽂는 인간의 심정을 중심으로 추상이라든가 초현실적인 사상이나 상황의 표현을 시도하였다. 형식에 구애받지 않고 신선한 감각을 살린 이케바나는 신선한 충격을 주며 인기를 모았다. 전후 전위 이케바나의 대표적인 인물로서는 데시가와라 소후勅使河原蒼風, 나카야마 분보中山文甫, 오하라 호운小原

豊雲 등이 있다.

c. 이케바나의 기본 기법

현대의 이케바나는 수반을 이용하는 방식과 화병花瓶을 이용하는 방식이 있다. 어떤 화기를 쓰는가에 따라 수반을 쓰는 이케바나와 병瓶을 쓰는 이케바나로 나눌 수 있다. 수반을 쓰는 이케바나는 평면적이고 넓은 용기에 침봉을 사용하여 꽃을 꽂는 방식인데, 오늘날에는 이런 방식을 모리바나盛花라 하고, 밑동이 좁고 목이 긴 병에 하는 이케바나를 헤이카瓶花라고 한다. 이케바나는 전체적인 모양을 어떻게 구성하는가에 따라 몇 가지로 분류할 수 있다.

(1) 직립형直立型은 가장 전형적인 화형으로 여러 화재를 위로 향하게 배치한다. 가장 기본이 되는 화형으로 각 화재가 모두 일정한 역할을 하도록 해서 안정감, 침착성이 느껴지도록 하여 장중한 느낌을 나타내는 화형이다.

(2) 경사형傾斜型은 끄트머리가 굽어 있는 꽃이나 나뭇가지를 중심이 되는 주지主枝로 사용해서 주지 자체를 비스듬하게 꽂아서 만드는 화형이다.

(3) 하수형下垂型은 아래로 드리운 모양을 기본으로 한다. 하수형에 쓸 수 있는 꽃가지는 으름덩굴이나 노박덩굴과 같은 덩굴을 이루는 가

지가 주지로 사용된다. 하수형은 주지가 뻗어서 가지의 끄트머리가 수반의 평면에서 아래쪽으로 늘어진 형태이기 때문에 이 화형을 만들 때에는 선반 위나 탁자 위 등 시선이 닿을 정도의 높이에 장식한다.

(4) 직상형直上型은 곧게 보기 좋게 위로 뻗어 올라간 꽃가지 하나를 중심에 두고 그 특징을 강조해서 표현하는 형태이다. 따라서 보조적인 꽃가지는 화기의 중앙 앞쪽으로 함께 모아서 꽂고 각 화재를 한 다발로 가늘게 처리하여 주지의 직상성을 더 돋보이게 하는 형태를 말한다.

(5) 대칭형對秤型은 꽃가지가 가지고 있는 아름다운 선이나 색채가 대칭이 되도록 구성하는 형태이다. 화재는 비스듬히 자란 가지나 직립해 있는 가지로 구성할 수 있다. 보조적 역할을 하는 꽃가지인 역지役枝의 길이는 정해져 있지만, 주지와 부지副枝를 두며 두 가지는 서로 30도 범위 내에 이웃하도록 꽂으며 경사 각도는 자유롭게 한다는 등 일정한 양식이 있다.

d. 생활 속의 이케바나

(1) 화도

이케바나에 일종의 종교성을 부여하면서 화도華道라는 용어를 쓰기 시작하였다. 1688년에 간행된 『입화시세장立華時勢粧』에서는 이케바나의 비법과 심오한 뜻을 말하면서 실기와 더불어 정신적인 수련을 강조하였다. 이때부터 이케바나를 화도라고 하였다. 이케바나를 '도'의 일종, 즉 화도라고 인식한 것은 미학적인 측면과 더불어 정신적인 측면을 강조하였기 때문이라고 할 수 있다.

화도를 수련한다는 관점에서 이케바나를 익히는 일은 미의식을 세련되게 하고, 이케바나의 양식에 나타나는 우주나 인륜의 질서를 체득하는 일이다. 이러한 태도는 에도 막부에서 서민을 교화하려던 정책과 부합되었기 때문에 여성들이 익혀야 할 예절의 하나로 화도가 권장되었다.

그러나 이케바나를 화도의 관점에서 이해하려던 태도는 근대에 들어와서 변화되었다. 화도라는 용어가 지닌 봉건적이며 보수적인 이미지가 이케바나의 자유로운 창작 정신에 방해가 된다고 생각했기 때문이다. 요즈음에는 도덕성이나 수양성을 강조하고자 할 때만 화도라는 용어를 쓰고 있다.

(2) 이케바나의 감상

이케바나의 특별한 감상 방법이 있는 것은 아니다. 이케바나를 하나의 작품으로 파악하여 그 주제나 미적 표현을 이해하면 되는 것이다. 그러나 전통적인 양식에 따라 도코노마에 장식해 놓은 이케바나를 감상하는 데는 일정한 감상법이 정해져 있다. 그 내용을 소개하면 다음과 같다.

* 이케바나를 감상할 때는 도코노마의 바로 앞에 다타미 한 장 정도의 거리를 두고 물러나 이케바나를 마주하고 앉는다. 이 정도 거리를 두어야 감상하기 알맞기 때문이다.
* 도코노마의 벽에는 족자가 걸려 있는데, 이케바나를 감상하기 전에 먼저 족자를 감상하고, 다음에 도코노마에 장식해 놓은 물건이나 이케바나로 시선을 옮기는 것이 바른 순서이다. 그러나 초대한 사람이 다른 장식품에는 특별히 신경을 쓰지 않고 이케바나만을 보여 주고 싶어 하는 경우에는 이케바나를 먼저 보아도 좋다.
* 이케바나 전체를 한번 훑어본 다음 각 가지가 뻗은 상태를 감상하고, 다시 전체의 통일성, 화기와 주변의 조화 등을 차례로 음미한다.
* 이케바나를 감상한 뒤에는 주인에게 소감을 인사말로 표현해야 한다. 인사말은 예절에 어긋나지 않을 정도로 자신의 감상을 이야기하면 된다.

(3) 이케바나의 실제

이케바나를 배우려면 선생을 찾아가서 개인교습을 받는 법, 학원

오하라류의 이케바나

에 다니는 법, 회사나 학교에서 단체로 교습을 받는 방식 등이 있다. 취미나 여가를 즐기기 위해 배우는 경우와 이케바나 전문가가 되기 위해 배우는 경우는 그 방식이 다르다.

이케바나를 배워 일정한 단계에 이르면 면허를 취득하게 되는데, 유파에 따라서 면허의 단계도 다르다. 면허의 단계는 대개 본과本科・사범과師範科・교수教授 등으로 대별된다. 대개 2~3년 정도 배우면 기본 단계를 배울 수 있는데, 이런 단계를 거치면 '몬보門標'라는 감찰鑑札을 받는다. 감찰은 학생들을 받아 교습해도 좋다는 허가증인 셈이다. 그 이상의 승격은 능력과 기술뿐만 아니라 연공서열年功序列과 재력 등의 조건에 의해 좌우된다. 각 유파는 10단계 이상의 계급 제도를 두고 있다.

유파의 경향을 크게 분류하면 릿카부터 현대화까지 교습하는 유파, 세이카와 현대화를 교습하는 유파, 현대화 중심의 유파 등 크게 세 가지로 구분한다. 그러나 릿카, 세이카, 현대화 등의 세 가지 양식을 전승하고 있는 유파라 해도 반드시 이 세 가지를 전부 가르치고 있는 것은 아니고, 릿카와 세이카는 고전이라 하여 여러 해 동안 교습을 받아 상당한 수준에 이른 사람에게만 가르친다. 일반 교습생에게는 대개 모리바나 또는 나게이레 등 오늘날에도 인기 있는 이케바나부터 배우도록 한다. 릿카는 전문적인 분야로 여겨서 연구단계에 이르러서야 다루게 된다.

현재 전국적인 지부 조직을 지니고 활발하게 활동하고 있는 가장 큰 세 유파로는 이케노보池坊, 오하라小原, 소게쓰草月 등이 있으며, 뒤를 이어 관동 지방에서는 류세이파竜生派와 고류쇼토카이古流松藤会, 관서 지방에서는 사가류嵯峨流와 미쇼류未生流 등이 유명하다.

제13장
정원

13.1

일본 정원의 양식과 구성 요소

a. 정원의 세 가지 유형

1	지센식池泉式 정원	주유식舟遊式, 회유식回遊式
2	가레산스이식枯山水式 정원	선원식禪院式, 지정식池庭式
3	로지식露地式 정원	초암식草庵式, 쇼인식書院式

첫째, 지센식 정원이란 기본적으로 연못을 파서 그 주위에 볼거리를 만드는 정원이다. 주유식 정원이란 배를 띄울 수 있을 정도로 연못을 파고, 배를 타고 돌면서 연못 주변의 경관을 감상하며 즐기는 정원

을 말한다. 회유식 정원이란 연못 주위에 산책길을 만들어 놓고, 그 길을 따라 연못을 돌면서 경관을 감상하는 정원이다.

둘째, 가레산스이식 정원은 연못이나 흐르는 물은 없지만 바닥에 잘게 부순 돌이나 흰모래를 깔아 수면水面과 같은 분위기를 표현하는 방식이며 고도의 상징성을 지니고 있다. 선원식 정원이란 불교 사원 가운데 선종禪宗의 선원에서 가레산스이식 정원을 만들어 참선하는 데 활용하는 정원이다. 지정식 정원은 모래나 하얀 돌을 잘게 부수어 바다나 강물 모양이 나도록 깔아 두는 형식으로서 물이 없으면서도 연못이나 강 또는 바다를 상상할 수 있도록 하는 정원이다.

셋째, 로지란 여기에서는 다실茶室의 정원을 가리킨다. 다실에 온 손님들은 다실 앞의 로지를 통해서 다실로 들어가는데, 다실에 이르는 통로로서 다도의 독특한 분위기를 자아낼 수 있도록 꾸민 정원을 말한다. 다도의 정원이라는 뜻으로 자니와茶庭라고도 한다. 초암식 정원이란 다실을 암자처럼 작고 소박하게 짓고 지붕은 초가지붕으로 만들어 초암에 어울리도록 규모도 작고 소박하고 한적한 느낌이 들도록 만든 정원을 말한다. 쇼인식 정원은 쇼인書院에 딸린 정원 양식을 말한다. 쇼인은 무사나 귀족들이 모이는 일종의 사교장으로 차를 마시기도 하고 미술품을 감상하거나 이야기를 나누는 곳으로 귀하고 화려한 물건을 장식하는 공간이기도 하다. 쇼인 주위에도 로지, 즉 정원을 만드는데 쇼인 건물에 어울리도록 만든 정원을 말한다.

b. 일본 정원의 상징적 구성요소

정원에 심는 나무나 꽃은 정원 구성의 기본적인 요소이지만, 넓은 우주나 자연을 상징적으로 나타내기 위하여 연못과 물, 이시구미石組라 하여 적절히 배열한 자연석, 자연의 풍경을 재현하기 위한 인공산人工山, 인공산 기슭에 만든 야트막한 언덕인 노스지野筋, 심어 놓은 나무, 이 밖의 부속물로 징검돌인 도비이시, 길바닥에 깔아 두는 평평한 돌인 시키이시敷石, 석등石燈, 물을 담아 두는 돌그릇, 울타리 등이 있다.

(1) 물

* 곡수 – 곡수曲水는 물이 굽이굽이 돌아서 흐르도록 곡선으로 만든 좁은 수로를 말한다. 옛날 귀족들은 이곳에 모여 물 위에 술잔을 띄우고 시를 읊으며 즐기는 곡수연을 열었다.
* 야리미즈 – 야리미즈遣水는 수원水源에서 물을 끌어들여 연못으로 흐르도록 하는 곡선형의 수로를 말한다. 야리미즈는 곡수에서 변화한 것으로 알려지는데, 반대로 야리미즈가 곡수연에 이용되는 경우도 있었다.
* 이케 – 일본 정원은 기본적으로 풍경식이며 정원의 기원 때부터 물과의 관계가 깊다. 인공적인 연못은 본래 관개를 목적으로 한 것으로 일본에서도 벼농사가 발전하면서 많이 축조되었다. 정원 안의

연못, 즉 이케池는 지센池泉이라고 한다. 연못의 형태는 다양하지만 공통되는 점은 대부분이 곡선으로 조성된다는 점이다. 연못에는 대개 인공 섬을 만드는데, 데지마出島는 반도처럼 튀어나온 것으로 연못의 경관에 원근감을 나타내는 효과를 주고, 나카지마中島는 신선이 살고 있다는 봉래도나 학과 거북이를 형상화한 학섬과 거북이섬을 표현하는 경우가 많다.

* 다키 – 다키滝 물이 위에서 아래로 떨어지는 낙수의 폭포뿐만 아니라 가레산스이의 가레타기枯滝처럼 전혀 물을 사용하지 않는 폭포 등, 여러 가지 조형을 보여주기도 한다.

(2) 엔로

정원 안에 만들어진 보행길 엔로園路에는 도비이시飛石, 노베단延段, 이시단石段, 등이 있다. 모두 정원 내를 걷기 쉽게 하기 위한 것이다.

* 시키이시와 도비이시 – 시키이시敷石와 도비이시飛石는 보행 시 흙이나 빗물 등으로 신발이 더러워지는 것을 방지하기 위해서 정원에 깔아놓은 편편한 돌을 말한다. 여러 개의 돌을 모아서 긴 형태로 만든 것을 시키이시라고 하고, 듬성듬성하게 간격을 두어 놓은 징검돌을 도비이시라고 한다.
* 데미즈바치 – 데미즈바치手水鉢는 손을 씻고 입을 가시기 위해 물

을 넣어 두는 그릇과 같은 것으로 돌로 되어 있는 것이 대부분이지만 가끔은 도자기나 금속으로 된 것도 있다. 그 기원은 사찰에 참배할 때 사용하는 손을 씻을 물을 떠 놓은 푼주로 이것을 사찰형 데미즈바치라고 한다. 정원에 이용하는 데미즈바치의 종류에는 자연석으로 만든 자연석 데미즈바치와 낡은 석탑이나 석등롱 등의 일부분을 이용해서 그것에 물구멍을 뚫어 만든 미타테모노見立物 데미즈바치, 그리고 자연석을 가공한 창작형 데미즈바치가 있다.

* 석등롱 – 석등롱은 돌로 만든 등을 말한다. 에도 시대에는 정원의 장식물로 설정되었다. 당초에는 사찰에 있는 오래된 석등롱을 가져다 정원에 설치하였지만 그런 것은 구하기가 매우 어려웠다. 그래서 오래된 사찰의 석등롱을 본뜬 모조품을 만들어 설치하였다. 여러 가지 형태의 등롱이 고안되었는데, 육각형이 가장 많지만 팔각형, 사각형, 원형, 삼각형 등 다양한 형태가 있다.

c. 일본 정원의 기법

(1) 있는 그대로의 자연을 표현

인간과 자연의 이상적인 관계를 자연스럽게 표현하는 기법은 일본 정원 조성의 중요한 원리이다. 하기쓰보萩坪라는 정원 형식은 싸리나무가 심겨 있는 작은 정원을 말하는데 매우 독특하다. 여기엔 물도 돌도 나무도 없고 단지 흰 모래와 싸리나무가 있을 뿐이다. 이렇게 간소한 정원의 이념은 있는 그대로 아무 기교도 부리지 않고 인간과 자연이 소박하게 만난다는 것을 의미한다. 아무 곳에서나 쉽게 볼 수 있는 흔한 싸리를 심어 놓은 것은 바로 이러한 까닭이다. 계절의 변화에 따라 피어났다가 시드는 싸리에 인간의 흥망성쇠나 희로애락의 감정을 이입시켜 아무런 꾸밈없이 자연과 인간의 만남을 나타내어 일본 정원의 한 전형을 이루고 있다.

(2) 차경

차경借景은 정원의 배후에 있는 산이나, 바다, 호수, 사원 등의 건축물이나 풍경을 배경으로 활용한다. 정원 안에서 배경을 바라볼 수 있도록 꾸밈으로써 다른 풍경도 정원의 경치로 끌어들이는 기법이다. 차경의 예를 살펴보면 다음과 같은 것들이 있다.

첫째, 가까운 산을 끌어들여서 정원의 일부인 것처럼 접속시키는 방법, 둘째, 가까운 산을 마치 별도의 다른 경관처럼 느끼게 하는 방법, 셋째, 배경에 있는 건물이나 탑을 정원의 일부로 끌어들이는 방법, 넷째, 바다나 만灣을 정원에서 내려다보는 경관으로 활용하는 방법, 다섯째, 호수나 멀리 있는 산을 마치 그림을 보듯이 바라다보이도록 하는 방법 등이 있다.

다이가쿠지 정원

　이러한 차경 양식은 헤이안 시대부터 이용되었다. 차경 양식을 도입한 대표적인 정원으로 슈가쿠인 이궁修学院離宮의 정원이다. 교토의 히가시야마東山 산록에 있는 이 정원은 천황가의 산장이다. 산록에 둑을 쌓고 흐르는 물을 막아 큰 연못을 만들어 다리를 놓고, 여기저기 차를 마실 수 있는 정자를 짓고 다양한 종류의 수목을 심은 정원이다. 정자에서 보면 눈앞에 펼쳐지는 히에산比叡山의 풍경이 마치 정원을 위하여 있는 것 같은 느낌이 들도록 조성되었다.

(3) 축경

축경縮景은 자연의 풍경을 축소시켜 정원 안에 만드는 기법을 말한다. 불교적 우주관을 가지고 정원을 소우주로 표현하려는 조경 의식은 아스카 시대부터 나타난다. 수미산須彌山을 만들고 구산팔해九山八海의 섬을 연못 가운데 만들어 세우는 등 불교에서 말하는 이상 세계를 정원에 구상화하는 것이다. 정원을 만든다는 의식, 즉 정원은 인간의 추상적인 의지를 구체적인 형상으로 조성해 내는 것이라는 의식이 강하게 뿌리를 내리기 시작한 것이다.

축경기법을 사용한 정원은 많이 찾아볼 수 있는데, 그 중에서도 구마모토현熊本縣 스이젠사水前寺, 조주엔成趣園의 후지산, 교토 가쓰라 이궁桂離宮의 아마노하시다테天橋立, 지쿠고시筑後市 쇼토엔松濤園의 마쓰시마松島 등은 원래 명소의 모습과 거의 흡사하게 사실적으로 조성되어 있다.

d. 일본 정원에 구현되는 종교적 이상관

(1) 신도사상

고대인들은 만물에 신이 깃들여 있고, 또 신들이 지상에 강림한다는 생각을 가지고 있었다. 그래서 보기 좋게 생긴 큰 나무나 큰 바위가 있는 곳에서 조상신이나 수호신에 제사를 지냈다. 이러한 생각들이 정원의 나무 심는 방식이라든가 돌을 쌓아서 이시구미石組를 만드는 방식에 반영되었을 것이다.

(2) 불교사상

불교 사상 가운데 수미산 사상은 조경의 중요한 요소가 되었다. 수미산은 세상의 중심에 우뚝 솟아 있는 초자연적인 산을 말한다. 그 사면은 황금·은·유리·수정으로 둘러싸여 있고, 이 산을 중심으로 7개의 금산金山이 동심원 형태로 둘러싸이고, 산 사이에는 큰 바다가 있다고 한다. 이곳은 초자연적인 불교적 이상향으로 일컬어진다. 나라 시대에는 정원을 만들 때 이 수미산 모양을 본뜨는 일이 많았다.

(3) 도교사상

정원의 연못에 만드는 나카지마中島, 쓰키야마築山, 이시구미 등은 신선들이 사는 이상 세계를 표현하는 것이다. 모모야마桃山 시대에서 에도 시대까지 이러한 상징적인 신선도神仙島를 연못 가운데 만드는 방식이 일반화되었다. 일본 정원에는 소나무가 자주 등장한다. 이 역시 신선 사상에 나오는 십장생十長生과 관련이 있다. 소나무뿐만 아니라 거북이나 학을 표현하는 조형물이 자주 등장하는 것도 이와 같은 맥락에서 이해할 수 있다. 특히 봉래도蓬萊島에는 소나무를 심어 장수를 축복한다는 의미가 내포되어 있다.

13.2

일본 정원의 역사

a. 아스카・나라 시대의 정원

일본의 최고의 역사서인 『일본서기日本書紀』 스이코推古 천황 조에 정원에 대한 기록이 있다. 당시 실권자였던 소가노 우마코蘇我馬子는 아스카飛鳥의 강가에 집이 있었는데, 집 안에 있는 연못 안에 조그마한 섬을 만들어 두었다고 한다. 즉 정원을 만들어서 이를 보고 즐기기 위한 공간으로 활용하고 있었던 것이다.

아스카飛鳥・나라奈良 시대의 정원은 고고학적인 발굴로 어느 정도 그 모습이 드러났다. 예를 들면 나라의 헤이조쿄平城京에 있던 연못은 길이 55미터인데, 최대 폭 5미터의 좁고 긴 굴곡을 이루고 있었고 밑바닥에는 옥돌을 깔았던 것이 확인되었다. 이 연못은 일본 귀족들이 곡수연을 개최했던 정원이라고 한다. 곡수연은 궁중의 후원에 굽이굽이 물이 흘러내려 가도록 물굽이를 만들어 놓고 술잔을 띄우고 시를 읊으며 술을 마시던 놀이이다.

b. 헤이안 시대의 정원

(1) 신덴즈쿠리의 정원

10세기 중기 이후 귀족들은 막강한 재력을 바탕으로 독자적인 양식의 정원을 조성하였다. 이런 귀족들의 건축 양식을 신덴즈쿠리寢殿造라고 한다. 신덴즈쿠리 가운데는 한 변이 100미터 이상 되고 면적이 1헥타르를 넘는 거대한 저택도 있었다.

그 구조를 살펴보면 신덴, 즉 주인들이 기거하는 공간을 중심으로 해서 기타노타이北対 또는 니시노타이西対라 불리는 건물과 쓰리도노釣殿 등의 건물이 세워졌다. 주인이 거주하는 공간인 신덴은 가장 호화롭게 꾸며졌다. 기타노타이는 신덴의 북쪽에 위치하였는데, 신덴과는 복도로 연결되어 있었으며 부인이 기거하였다. 니시노타이에는 주인의 자녀나 신분이 높은 부하들이 살고 있었다. 쓰리도노는 기타노타이와

니시노타이에 내달아 만든 복도 끝에 있는 연못가에 세운 건물이다.

지붕은 기와가 아니라 회목檜木 껍질을 겹겹이 덮었다. 대문은 동쪽이나 서쪽에 내었고, 부지의 남쪽 전체에 정원을 조성하였다. 신덴은 정원의 북쪽에 위치하였다. 정원에는 흰 모래를 깔았고 당시 귀족들이 매년 행하던 연중행사 등 중요한 의식을 거행하였다. 연못 가운데에는 2~3개 정도의 인공 섬을 조성하여 섬으로 건너가기 위한 다리를 놓았다.

연못가에 세운 쓰리도노에서는 더위를 피하거나 또는 달을 바라다보면서 연회를 열기도 하였다. 연못 가운데 있는 섬의 안쪽에는 악사가 아악雅樂을 연주하는 무대를 설치하여 뱃놀이에 흥을 돋우기도 하였다. 남쪽에 있는 연못에 쓰는 물을 끌어 들이는 인공 개울인 야리미즈는 신덴과 동쪽에 있는 건물을 연결하는 복도 아래로 흘러가도록 조성하였다. 신덴즈쿠리 양식의 정원에서는 연못을 조성할 수 없을 정도로 공간이 좁은 경우에도 야리미즈만큼은 반드시 조성할 정도였다.

(2) 정토교 사원의 정원

헤이안 시대 중기 이후, 정토 신앙이 보급되자 국가가 설립한 사원뿐만 아니라 귀족들이 세운 사원도 증가하였다. 귀족들은 저택 안에 불당이나 사원을 지어 별장처럼 이용하기도 하였다. 당시 최고의 실력자 후지와라 미치나가藤原道長가 세운 호조지法成寺, 그의 아들인 후지와라

로쿠온지 정원

요리미치藤原賴通가 세운 보도인平等院 등은 극락정토에 가려는 염원을 담아 사원과 정원을 조성하였다. 정토교淨土敎 정원의 구조는 다음과 같은 특징이 있다. 우선 남쪽으로 낸 대문을 통해 안으로 들어가면 큰 연못에 무지개 모양으로 걸려 있는 홍예교를 건너 연못 한가운데에 있는 섬을 지나 불당으로 들어가도록 설계되었다. 화려한 불당과 탑이 연못의 수면에 비치는 모습은 실로 정토를 연상케 한다.

12세기 초기에는 동북 지방의 호족인 후지와라 모토히라藤原基衡가 히라이즈미平泉에 세운 모쓰지毛越寺에도 정토교 정원이 조성되었다. 13세기 초에는 교토의 북서쪽에 사이온지西園寺가 건립되었는데, 이곳에는 큰 연못을 중심으로 많은 사원 건축물이 배치되었다. 훗날 이곳에 무로마치 막부의 3대 쇼군 아시카가 요시미쓰足利義滿가 화려한 금각金閣을 세웠는데, 오늘날에는 로쿠온지鹿苑寺라고도 부른다.

c. 가마쿠라 · 무로마치 시대의 정원

(1) 선종 사원의 정원

12세기 말 선종이 일본에 전해지면서 선종 사원 건축과 정원 양식이 전래되었다. 선종에서는 불립문자不立文字라 하여 말이나 문장으로 도리道理를 말하지 않는 원칙이 있었다. 승려들은 설법보다는 좌선坐禪을 중요하게 여겼고 화려한 색채나 장식을 좋아하지 않았다. 이러한 취향을 잘 살릴 수 있는 재료가 바로 돌石이었다. 돌을 조합하여 만든 정원은 독특한 미의식에서 나온 정원 양식이라고 할 수 있다.

이러한 선종 사원의 정원을 일본에 정착시키는데 공헌한 승려는 무소 소세키夢窓疎石(1275~1351)였다. 그는 가는 곳마다 정원을 만들었는데, 그중에서도 교토에 있는 사이호지西芳寺의 정원은 선종의 세계관을 잘 표현하고 있는 걸작이다. 이 정원이 일본 정원에 미친 영향은 매우 크다.

사이호지의 정원은 자연의 지형을 활용하거나 넓은 연못을 조성하여 극락정토를 연상케 하는 정토식인데, 산기슭에는 돌을 배치하여 선의 경지를 표현한 가레산스이 양식의 정원이 조성되어 선종 정원의 분위기를 보여 주고 있다. 사이호지의 정원은 정토풍의 정원에서 가레산스이 양식의 정원으로 변해 가는 모습을 보여 주고 있다.

사이호지는 산기슭에 조성된 연못과 산의 경사면을 이용한 정원으로 나뉜다. 또 이 선당에서 산으로 올라가는 길이 이어져 있다. 연못에는 3개의 인공 섬이 있는데, 이 섬에는 흰 모래를 깔고 소나무를 심고 정자도 세웠다. 폭포를 상징하는 큰 자연석은 엄숙한 선의 세계를 연상하게 한다.

(2) 가레산스이 정원

가레산스이는 정원의 바닥에 모래를 깔고 갈퀴로 물의 파문을 그려 표현하기도 하고, 돌을 쌓아올려 폭포를 만든 다음에 그 아래에 모래를 깔아서 흐르는 물을 상징하기도 한다. 또 다듬은 나무를 심고, 산을 바위로 대치시켜서 산이나 섬을 연상시키는 등 상징적이면서도 회화적인 정원 양식이라고 할 수 있다.

가레산스이 정원은 무로마치 시대에 많이 조성되었다. 무로마치 시대 초기에는 추상적인 구성이 많았고, 중기에서 후기에 걸쳐서는 회화적이고 구상적인 정원이 많이 조성되었다. 에도 시대 초기의 가레산스이는 정원의 가운데를 비워 두고 벽이나 울타리가 있는 쪽으로 상징물을 배치하는 구상적인 디자인이 많다.

가레산스이 정원을 크게 두 가지로 분류하고 있다. 첫째, 전기식 가레산스이는 넓은 정원의 일부를 가레산스이로 조경한 것으로서 남북조 시대까지의 작품에 많이 보인다. 둘째, 후기식 가레산스이는 정원 전체를 가레산스이 양식으로 만든 것으로서 무로마치 시대 이후에 나타난다.

료안지 정원

가레산스이의 수법에는 입체적으로 산을 쌓아 만드는 방식과 평탄한 땅에 입체적으로 구성하는 방식이 있다. 전자의 예로 다이토쿠지의 다이센인大仙院, 사이호지 정원, 덴류지天竜寺의 정원을 들 수 있고, 후자의 예로는 료안지竜安寺의 정원을 들 수 있다.

(3) 다이토쿠지와 료안지의 세키테이

14세기 말부터 사원의 쇼인書院에 딸린 정원의 조경 양식이 발달하게 되었다. 작은 쇼인의 앞뜰 좁은 공간에 자연의 산수山水를 응축시킨 것과 같은 정원을 만들었다. 암석을 2~3개 조합하여 폭포를 표현하고 모래를 깔아서 시냇물이나 바다를 상징하였다. 흙이나 나무, 물을 사용하지 않고 폭포에서 물이 떨어지는 자연의 풍경을 상징적으로 표현하였던 것이다.

이러한 정원의 대표적인 예로는 다이토쿠지 다이센인에 있는 쇼인의 정원과 료안지의 정원을 들 수 있다. 둘 다 흰 모래와 잘게 부순 돌로 흐르는 물을 상징하였다. 여기에도 정원에는 물이 반드시 있어야 한다는 생각이 바탕에 깔려 있음을 확인할 수 있다. 정원을 흔히 산스이山水라고 부르는 것은 바로 그 때문이다.

d. 아즈치 · 모모야마 시대의 정원

로지露地 정원은 다도의 발전과 더불어 나타난 정원 양식으로 다도를 즐기기 위해서 다실 주위에 조성하는 간소하고 운치 있는 작은 정원을 의미한다. 이는 모모야마 시대의 유명한 다인인 센노 리큐가 고안해 낸 양식이다. 로지 양식의 정원을 본격적으로 만들기 시작한 시기는

1570년 이후이다. 로지의 바닥에는 비 내리는 날에도 신발이 젖지 않도록 징검돌인 도비이시飛石를 고안해 내고 석등과 울타리를 세웠다. 다실로 들어가는 길의 한적한 분위기와 다실의 청정한 분위기를 주는 간소한 조형물을 적절히 배치하여 정원 양식이 성립된 것이다. 이러한 로지 양식의 정원으로는 모모야마 시대에 교토에 있는 오모테센케表千家와 우라센케裏千家의 다실에 딸린 로지가 오늘날까지 거의 원형 그대로 남아 있다. 이러한 로지 양식의 정원은 현대의 일반 정원에도 응용되고 있다.

e. 에도 시대의 정원

에도 시대의 영주 도쿠가와 요리후사德川賴房는 막부로부터 에도 시대의 부지를 하사받아 이곳에 저택과 대규모의 정원을 조성하고 고라쿠엔後樂園이라 명명하였다. 고라쿠엔은 명나라의 주순수朱舜水를 초빙하여 자문을 받았기 때문에 중국적이고 유교적인 취향이 짙게 나타난다. 연못 주위를 따라 돌면서 회유하듯이 감상할 수 있는 구도로 설계되었으며, 정원 안에 자신이 좋아하는 명승지를 본떠서 만든 산이나 언덕, 연못 등을 배치해 놓았다. 곳곳에 휴게소의 기능을 함께 갖춘 다실이나 정자를 세워 차례로 돌아다니면서 감상하게 하였다. 귀족 저택의 정원으로 조성하였지만 당시 일반 서민들에게도 개방하여 산책할 수 있도록 하였다.

17세기 중엽이 되면 정원에 잔디를 많이 심었다. 자연석을 쓰는 기법은 줄어들었고 돌을 이용하는 경우에도 사석捨石이라고 해서 중요한 장소에 돌 한 개만을 마치 내버려둔 듯이 자연스럽게 배치하는 방식이 널리 행해졌다. 18세기 초 야나기사와 요시야스柳沢吉保가 에도에 조성한 정원인 리쿠기엔六義園은 이러한 양식의 정원으로 널리 알려져 있다.

18세기 후반이 되면 정원에 여러 가지 꽃을 심는 원예園藝가 유행하였다. 에도에서는 묘목 상인들이 화원을 개방하자 에도 시민들의 관광 명소가 되었다. 에도의 스미다가와隅田川 동쪽 강가에 있는 무코지마向島에 조닌町人이 세운 햣카엔百花園은 이름 그대로 화초만으로 꾸민 정원이었다.

또 하나 흥미로운 현상은 일부 영주들이 정원을 개방하여 서민들도 감상할 수 있도록 하였다는 점이다. 미토水戸의 가이라쿠엔偕楽園이나 시라카와白河의 난코南湖가 그 예이다.

참고문헌

구태훈,『일본고대 · 중세사』, 재팬리서치21, 2008

구태훈,『일본근세 · 근현대사』, 재팬리서치21, 2008

구태훈,『일본문화사』, 재팬리서치21, 2011

김숙자 외,『사진으로 보고 가장 쉽게 읽는 일본문화』, 시사일본어사, 2010

김순전,『일본의 사회와 문화』, 제이앤씨, 2006

김영,『일본문화의 이해』, 제이앤씨, 2006

김용안,『키워드로 여는 일본의 響』, 제이앤씨, 2009

노성환,『일본의 민속생활』, 민속원, 2009

미나미 히로시(南博)지음 · 이관기 옮김,『일본인론(上)(下)』, 1999, 도서출판 소화

박규태,『아마테라스에서 모노노케 히메까지』, 책세상, 2001

박규태,『일본의 신사(神社)』, 살림출판사, 2005

박순애,『일본입문-일본의 문화와 사회』, 시사일본어사, 2008

박전열 · 이영,『일본전통문화론』, 한국방송통신대학교출판부, 1999

박전열,『일본의 문화와 예술』, 한누리미디어, 1998

박전열 외,『라쿠고 -일본의 전통 홀로 코메디』, 민속원, 2007

박전열 외,『일본을 강하게 만든 문화코드16』, 나무와 숲, 2010

박전열,『일본의 요괴문화-그 생성원리와 문화산업적 기능-』, 한누리미디어, 2005

박정의 편,『일본사정-일본의 생활과 문화-』, 제이앤씨, 2001

센겐시츠(千玄室) 지음·박전열 옮김,『일본 다도의 마음』, 월간다도사, 2006

오쿠보 다카기(大久保喬樹) 지음·송석원 옮김,『일본문화론의 계보』, 소화, 2007

이지선,『일본의 전통문화』, 제이앤씨, 2008

스에키 후미히코 지음·이시준 옮김,『일본불교사』, 뿌리와 이파리, 2005

정현숙·한영혜,『일본학개론』, 한국방송통신대학교출판부, 2007

정형,『일본 일본인 일본문화』, 다락원, 2009

정형·이이범,『일본 사회문화의 이해』, 보고사, 2004

중앙대학교 한일문화연구원 편,『현대일본의 문화콘텐츠21』, 한누리미디어, 2008

최관,『일본문화의 이해』, 학문사, 1999

한국외국어대학교 일본연구소 편,『일본사회와 문화』, 제이앤씨, 2006

한국일본학회 편,『일본어학의 이해』, 시사일본어사, 1998

金田一春彦,『日本語の特質』, 日本放送出版協会, 1991

熊倉功夫,『茶の湯の歴史』, 朝日選書, 1991

熊倉功夫,『茶の湯』, 教育社, 1996

倉林正次,『祭りの構造』, 日本放送出版協会, 1975

成美堂出版編集部,『図解日本史』, 成美堂出版, 2006

桑田忠親,『日本茶道史』, 河原書店, 1988

戸部民夫,『神社のルーツ』, ソフトバンク新書, 2006

広川勝美,『神と仏の風景「こころの道」』, 集英社, 2006

사진 인용

국립민속박물관,『가까운 이웃나라 일본』, 삼광문화사, 2001

井野辺潔,『文楽入門』, 淡交社, 1995

大橋治三,『「日本の庭」形と流れ(上, 下)』, 株式会社クレオ, 1998

梅原猛,『バサラと幽玄』, 学習研究社, 2004

権藤芳一監修,『狂言入門』, 淡交社, 1996

坂本満,『黄金とクルス』, 学習研究社, 2004

納屋嘉治 編,『茶会の取り合わせ』, 淡交社, 1998

納屋嘉治 編,『茶の湯と絵画』, 淡交社, 2010

日本放送協会 編,『NHK 日本の伝統芸能』, 日本放送出版協会, 2009

ブルーガイド編集部,『伝統の祭りを訪ねる』, 実業之日本社, 1998

山本進 編,『図説 落語の歴史』, 河出書房新社, 2006

横山夢草,『池坊生花入門』, 講談社, 1994

http://www.ja.wikipedia.org

http://homepro.co.jp

http://www.e-onsen.com

http://memorva.jp/ranking/unfpa/who_2011_life_expectancy.php

http://www.urasenke.or.jp/index2.html

http://www.shochiku.co.jp

http://www.ntj.jac.go.jp

찾아보기

ㄱ

가가미모치 68
가가미비라키 68, 137
가도마쓰 66, 67, 164
가라아게 138
가레산스이 330, 331, 333, 344, 345, 346
가미다나 64, 67, 68, 78, 163
가미오키 81
가부키 132, 196, 208, 214, 236, 240, 241, 242, 243, 244, 245, 246, 247, 248, 249, 252, 253, 254, 255, 256, 257, 268, 279
가부키좌 246
가시키 310
가쓰동 126
가쓰라모노 213, 214
가이세키 요리 120
가타미와케 97
가타카나 31, 32, 34, 35, 36, 39
간다마쓰리 192, 193
간아미 206, 207

간진노 209
게이고토 268, 271, 272
겐스이 309, 310
겐푸쿠 83
고단 266, 277, 279
고덴가에시 97
고시마키 84
고이노보리 51, 52, 53
고전 라쿠고 282, 283, 291
고켄 217
곡수연 332, 341
교겐 224, 225, 226, 227, 228, 229, 230, 231, 232, 233, 234, 235, 236, 237, 238, 239
구로고 264
구마도리 255
구카이 171
기다유 247, 253, 258, 261, 272
기모노 83, 100, 101, 102, 103, 104, 105, 107, 108, 109, 110, 111, 113, 115, 116, 267, 290, 291
기온마쓰리 186, 190, 191

찾아보기 353

긴포 86

ㄴ

나가기 111
나가노시 86
나게이레 318, 319, 328
나오라이 188
낫토 118, 131
네부타마쓰리 196, 197
노가쿠도 210, 211, 213, 224
노가쿠론 208
노렌 156
노멘 212, 217, 218, 219, 220
노치시테 216
니지리구치 299, 307
니치렌 174
닌교조루리 244, 258, 259

ㄷ

다나바타마쓰리 55, 56, 57, 164
다누키 우동 128, 129
다도구 300, 304, 306, 308, 309, 312
다로교겐 231, 238
다비 114, 115
다완 310, 312, 313
다유 209, 247, 253, 258, 260, 261, 262, 272, 275

다이긴죠 136
다이묘교겐 231
다이코 212
다이토쿠지 346, 347
다케노 조오 308, 309
단자쿠 55, 57
단카 제도 176
달마 인형 68
데즈카이 264
덴동 127
덴만궁 168, 192
덴진마쓰리 191, 192
덴푸라 42, 125, 127
도리이 166
도메소데 101, 106, 107
도보슈 317
도비이시 332, 333, 347
도성사 이야기 220, 221, 223
도시오토코 47
도시이와이 94
도시코시소바 64, 65, 128
도시토리마메 47
도코노마 68, 78, 145, 149, 319, 325, 326
돈부리 126, 127
돈카쓰 124, 125
돈코쓰 라멘 130

ㄹ

라멘 129, 130
라쿠고 276, 277, 278, 279, 280, 281, 282, 283, 284, 285, 286, 287, 288, 289, 290, 291, 293, 295, 359
라쿠야키 313
레이킨 146
로지식 정원 330
로템부로 162
료안지 346
료칸 160, 161
릿카 317, 318, 319, 327, 328

ㅁ

마메마키 46, 47, 48, 93
마쓰리 48, 49, 55, 56, 57, 137, 163, 164, 184, 185, 186, 187, 188, 189, 190, 191, 192, 193, 194, 195, 196, 197, 198, 199, 203
마에시테 216, 221
마쿠노우치벤토 132
마쿠라 100, 121, 154, 172, 174, 175, 269, 284, 299, 309, 343
만요가나 32, 33, 34, 35
만자이 277

말차 309, 311
모리바나 320, 321, 323, 328
모후쿠 109
몽환노 215
무소 소세키 344
미나라이 288
미소기 187
미소 라멘 130
미에 25, 54, 138, 178, 179, 254
미즈사시 309
미코시 188, 189, 192, 193, 194, 195

ㅂ

반다이 156, 157
본오도리 59, 112
부스 237, 238, 239
부쓰단 64
분라쿠 258, 259, 260, 262, 263, 265, 267, 268, 269, 270, 271, 275, 279
분라쿠좌 259, 260

ㅅ

사루가쿠 207
사시미 121
사위교겐 232
사이초 171

산닌즈카이 263
산자마쓰리 193, 194
샤미센 242, 252, 253, 258, 259,
　　　260, 261, 262, 272
선원식 정원 331
성인식 75, 83, 84, 94, 101, 105
세쓰분 46, 93
세와물 247, 268, 270
세이스이쇼 277
세이카 319, 320, 328
세키테이 347
세토구로 312
센노 리큐 300, 301, 302, 303,
　　　310, 311, 313, 347
센스 115, 116
센토 155, 156, 162
소네자키신주 271, 272, 273, 275
소바 64, 65, 126, 127, 128, 129
쇼유 라멘 129, 130
쇼인식 정원 331
쇼진 요리 118
슈라모노 213
슈신모노 214
스가와라 미치자네 168, 192
스스하라이 63, 64
스시 122, 123, 124
스에히로 86, 87, 116
스키야키 124
습명 256, 290
시로자케 137

시메카자리 67
시바하마 283, 291
시오 라멘 130
시와스 63
시종 173
시치고산 81, 82, 83, 94
시키이시 332, 333
시테 215, 216, 217, 221, 223,
　　　231, 233
신덴즈쿠리 341, 342
신도 88, 89, 163, 164, 165, 168,
　　　338
신란 173, 174
신사 25, 27, 48, 60, 68, 69, 70,
　　　80, 81, 82, 88, 92, 137,
　　　162, 163, 165, 166, 167,
　　　168, 169, 185, 186, 190,
　　　192, 193, 194, 199, 210,
　　　211, 242, 275, 278, 279,
　　　359
신우치 289
신작 교겐 234
쓰노가쿠시 88
쓰케사게 107, 108

ㅇ

아게마쿠 212
아마자케 137
아시즈카이 263, 264

야리미즈 332, 342
야마보코 190
야마부시교겐 233
야쿠도시 47, 92, 93
에마 68, 69
에이사이 175, 299
에키벤 133, 134
오모즈카이 263, 264, 266
오모테센케 301, 347
오미소카 64, 128
오미쿠지 69
오미키 188
오본 58, 59, 163
오비 76, 82, 101, 108, 109, 110, 111, 113, 114, 116
오비토키 82
오세이보 73
오세치 요리 70, 71
오시치야 78, 79
오쓰야 97, 110
오쓰즈미 212
오쓰키미 61
오야코동 126
오조니 71
오추겐 59
오치 266, 276, 278, 282, 285, 293, 295
오카쿠라 덴신 301
오쿠이조메 79
오쿤치 194, 195

오토시다마 72
오토코멘 218, 219
오하구로 84
오히간 62
와게이 277, 279
와비 300, 304, 305, 312
요세 279, 280, 281, 282, 284, 286, 288
요시쓰네센본자쿠라 244, 268
우라본 58
우라센케 301, 347
우메보시 130, 133
우치카케 101, 109
유녀 가부키 243
유이노 85, 87
이나리 신사 167
이나리즈시 123
이누하리코 80
이로무지 107, 110
이삼평 313, 314
이시구미 332, 338, 339
이에모토 300, 301, 302, 315, 318
이자카야 137, 138, 139
이치카와 단주로 247
이케노보 318, 319, 328
이케바나 315, 316, 317, 319, 320, 321, 322, 323, 324, 325, 326, 327, 328
일련종 174
임제종 175

찾아보기 357

잇펜 173, 174

ㅈ

자니와 331
자바나 319
자샤쿠 309
자쓰노모노 213, 214
자이레 309, 312
잡교겐 234
정토종 172
정토진종 173
제아미 206, 207, 208
조동종 175
조리 61, 115, 117, 198
조시키마쿠 252
주신구라 248, 269
지라시즈시 122, 123
지로카자 231, 237, 238
지우타이 212
지유바나 321
지카마쓰 몬자에몬 270
지토세아메 83

ㅊ

차경 335, 336
창가학회 174
청주 87, 135, 136, 188

초암식 정원 331
출가교겐 234

ㅌ

투차 299, 300

ㅎ

하나마쓰리 198, 199
하나미 17, 132, 200, 201, 249, 250, 283
하나미치 249, 250
하나비 202, 203
하나아와세 316
하나이레 311
하라이 63, 64, 187
하시가카리 211, 212, 213, 223, 250
하쓰모데 68, 163
하야시카타 212
하오리 88, 101, 106, 107, 108, 110, 111, 290
하치만 신사 167, 168
하카마기 81
햐쿠하치노카네 65
호넨 172, 173
호메고토바 256
호몬기 107, 108
혼욕 161, 162

혼젠 요리 119, 120
화경청적 302, 303
화도 145, 318, 324, 325
회전 무대 244, 251, 260
효시기 252, 254
후나조코 261
후리소데 105, 106, 107, 111, 114
후미에 178, 179
후스마 148, 149, 150, 160
후쿠마메 47
후키나가시 57
후타오키 311
히나단 48
히나마쓰리 48, 49, 137, 164
히라가나 31, 32, 33, 34, 35, 36, 156
히야얏코 137
히이키 256, 257
히키마쿠 252

류 희승

　동국대학교 졸업. 일본 다이쇼(大正)대학 석・박사 과정 졸업. 중앙대학교 박사. 현재 성균관대학교 초빙교수. 주요 저서『일본의 요괴문화』(한누리미디어, 2005, 공저),『현대일본의 요괴문화론』(제이앤씨, 2014, 공저),『도쿠가와 시대 사람들』(히스토리메이커, 2017, 공저), 주요논문「덴구(天狗)의 기원을 찾아서」(『일본학연구』26집),「하늘을 날아다니는 요괴, 덴구(天狗)의 비행(飛行)모티프」(『일본학연구』33집),「덴구(天狗)의 원형(原形)에 관한 연구-동아시아 요괴문화와의 관련을 중심으로」(『일본학보』82집) 등 다수가 있다.

일본인과 일본문화

발행인 구자선

초판 1쇄 2023년 9월 1일

발행처 (주)휴먼메이커

주　소　경기도 용인시 기흥구 강남서로 9 아카데미프라자 8층 825호
　　　　전화 : 070-7721-1055
이메일　h-maker@naver.com

등　록　제2017-00006호

ISBN　979-11-982304-1-6　03910
정　가　　20,000원